Der Freiheitshandel
Mathias Döpfner

MATHIAS DÖPFNER

DER FREIHEITSHANDEL

Warum Geschäfte mit Diktatoren unsere Demokratie gefährden

PLASSEN
VERLAG

Die Originalausgabe erschien unter dem Titel
The Trade Trap: How To Stop Doing Business with Dictators
ISBN 978-1-6680-1625-1

Copyright der Originalausgabe 2023:
Copyright © 2023 by Mathias Döpfner. All rights reserved.
Published by Simon & Schuster.

Copyright der deutschen Ausgabe 2024:
© Börsenmedien AG, Kulmbach

Übersetzung: Börsenmedien AG
Gestaltung Cover: Daniela Freitag
Gestaltung, Satz und Herstellung: Timo Boethelt
Foto: Max Threlfall
Vorlektorat: Sebastian Grebe
Korrektorat: Claus Rosenkranz
Druck: CPI books GmbH, Leck, Germany

ISBN 978-3-86470-953-1

Teile des Buches beruhen auf früher publizierten Artikeln des Autors.

Bibliografische Information der Deutschen Nationalbibliothek:
Die Deutsche Nationalbibliothek verzeichnet diese Publikation in der
Deutschen Nationalbibliografie; detaillierte bibliografische Daten
sind im Internet über <http://dnb.d-nb.de> abrufbar.

BÖRSEN MEDIEN
AKTIENGESELLSCHAFT

Postfach 1449 • 95305 Kulmbach
Tel: +49 9221 9051-0 • Fax: +49 9221 9051-4444
E-Mail: info@plassen-buchverlage.de
www.plassen.de
www.facebook.com/plassenverlag
www.instagram.com/plassen_buchverlage

FÜR MEINE KINDER

INHALT

VORWORT ZUR DEUTSCHEN AUSGABE

Prognosen haben nichts mit Hokuspokus zu tun. Bei mir sind sie das Ergebnis eines rational-intuitiven Vorgangs: Ich setze Datenpunkte zusammen und unterlege sie mit einem – meinem – Gefühl. Daraus wird eine Prognose oder ein Trend. Dabei lasse ich mich von Einwänden der Vernunft kaum beirren. Denn die Wirklichkeit verläuft zu oft unvernünftig.

Und deshalb sage ich mit einiger Überzeugung: Wenn wir – die demokratischen Länder dieser Welt – unseren Umgang mit Diktaturen nicht ändern, wenn wir das Entstehen ökonomischer Abhängigkeiten weiter zulassen, ist die Demokratie ein Auslaufmodell. Es ist Zeit für eine Umkehr. Es ist höchste Zeit.

Ich habe dieses Buch geschrieben, weil ich mir Sorgen mache. Ich habe dieses Buch als engagierter Europäer zuerst in Amerika veröffentlicht – im Herbst 2023, weil ich eine Lösungsidee zur Diskussion stellen möchte, die nur funktioniert, wenn im ersten Schritt Europa und Amerika zusammenarbeiten und zusammenhalten.

Als ich dieses Buch konzipierte, gab es noch keinen Ukraine-Krieg. Keinen Krieg in Israel. Und in Businesszirkeln keinen Gedanken daran, dass China für unsere Wirtschaft und unser System eine Bedrohung werden könnte.

Als das Buch in den USA veröffentlicht wurde, war das schon anders. Seither – so, als wolle die Realität mit quietschenden Reifen meine Befürchtungen überholen – ist die Lage immer schneller immer schlechter geworden. Die Verteidigung der Demokratie in der Ukraine sah im September 2023 noch deutlich besser aus als heute. Den Krieg in Israel gab es damals noch nicht. Die neue Welle eines globalen Antisemitismus sah man damals noch nicht. Und der Aufstieg extremer Parteien wie der AfD und der sozialistischen Wagenknecht-Bewegung war damals noch nicht so eruptiv.

Nun erscheint dieses Buch – mit kleinen Aktualisierungen und ein paar Ergänzungen – in Deutschland. Als Appell eines Bürgers. Wenn wir die Demokratie retten wollen, wird es höchste Zeit.

Nach Redaktionsschluss dieses Buches:

Der Präsident eines europäischen Landes redet seit zehn Minuten über die Zukunft der Demokratie. Es ist Freitag, der 16. Februar 2024, kurz nach zwölf Uhr mittags. Ich sitze zusammen mit circa 50 Wirtschaftsführern im Dachgeschoss des Hotels Bayerischer Hof, in einer Stunde wird die Münchner Sicherheitskonferenz eröffnet. Auf meinem Handy blinkt eine Nachricht: „Nawalny wohl tot".

Zu Beginn der wichtigsten Konferenz der führenden Außen- und Sicherheitspolitiker der demokratischen Welt steht eine Botschaft im Raum: Ich halte euch für schwach. Und wenn ihr so weitermacht, mache ich SO weiter.

LIEBESERKLÄRUNG
AN DIE DEMOKRATIE

Ich liebe die Demokratie. Demokratie ist Freiheit. Demokratie ist Humor. Demokratie ist Rücksicht. Demokratie ist Kompromiss. Demokratie ist Leichtsinn. Demokratie ist Wettbewerb und Kreativität. Demokratie ist Widerspruch. Demokratie ist voller Fehler – wie wir Menschen.

Ich liebe die Demokratie, weil sie das Gegenteil von Auschwitz ist. Auschwitz war das größte Massenvernichtungslager des Holocausts. Es steht weltweit für Zivilisationsbruch und Unmenschlichkeit, für Unfreiheit und Tod und Hass und Willkür und alles, was möglich ist, wenn es keine Demokratie gibt.

Ich liebe die Demokratie, weil sie, wenn sie intakt und vital ist, uns vor so etwas wie Auschwitz schützt. Weil sie uns überhaupt beschützt. Demokratie ist eine Schutzmacht vor Willkür.

Ich habe Angst vor Willkür. Ich erinnere mich an eine Nacht 1988 in Moskau. Noch zu Sowjetzeiten. Ich besuchte einen russischen Pianisten, den ich in einer Künstlermanagement-Agentur vertrat, für die ich arbeitete. Ich fuhr alleine in einem Taxi durch die eisig verschneiten dunklen Straßen zu einem Restaurant, das mir jemand empfohlen hatte. In einem Keller gab es Krimsekt und Kaviar. Aber es schmeckte nicht. Weil ich Angst hatte, dass gleich jemand kommen könnte und mich abführt. Warum? Egal! Unschuldsvermutung? Von wegen! Einen Rechtsanwalt und ein faires Verfahren? Nein!

Es gab gar keinen konkreten Grund für diese Sorge. Weder war ich bedroht noch hatte ich irgendwas angestellt. Aber ich wusste, dass es in der Sowjetunion die Möglichkeit dieser Willkür gab. Und alleine die Tatsache, dass ich diese Angst vor Willkür empfand, hat mich geprägt. Ich will diese Angst nie haben. Auch deshalb möchte ich nie in einem nicht demokratischen Land leben. Demokratien sind nicht perfekt. Sie machen viele Fehler. Manchmal ähnliche oder sogar die gleichen wie Nicht-Demokratien. Aber der große Unterschied ist: In Demokratien darf man diese Fehler kritisieren. Und es gibt fast immer Menschen, die das tun. Und wenn sie es zu Recht tun, hat das fast immer Konsequenzen.

Demokratie ist nicht zuletzt das Versprechen, dass ich etwas falsch machen darf – und dennoch eine faire Chance bekomme. Vor einem Gericht mit einem eigenen Anwalt und einem unabhängigen Richter. Es ist eben nicht die Willkür irgendeiner Autorität, sondern es ist die Würde des Souveräns. Des Bürgers. Es ist der Rechtsstaat. Der Rechtsstaat ist der Sauerstoff der Demokratie. Ohne ihn erstickt sie. Und deshalb gibt es glücklicherweise so etwas wie das Amtsgericht Berlin-Tiergarten. Oder den Idaho Supreme Court. In großen und kleinen Gerichten überall in der demokratischen Welt sitzen unabhängige Staatsanwälte und Rechtsanwälte und Richter und versuchen eine gerechte und richtige Entscheidung zu treffen. Sie schützen den Schwächeren vor dem Stärkeren. Sie sorgen dafür, dass möglichst alle gleiche Rechte haben. Früher dachte ich, die Rechtsstaatlichkeit sei eine Formsache, weniger wichtig als Freiheit und Demokratie. Heute bin ich überzeugt, dass sie deren Grundlage ist. Das Recht ist die wichtigste Errungenschaft der Zivilisation. Das Recht ist besser als das Naturrecht. In der Natur siegt stets der Stärkere. Der Schnellere. Der Mächtigere. In einer menschlichen Zivilisation des Rechtsstaats hat auch der Schwächere eine Chance.

Das ist das zentrale Versprechen der Demokratie.
Deshalb liebe ich die Demokratie.
Deshalb müssen wir die Demokratie schützen.

Deshalb brauchen wir ein wertebasiertes Handelsbündnis der Demokratien. Und deshalb habe ich dieses Buch geschrieben.

Die Idee für dieses Buch entstand kurz nach Russlands Annexion der Krim im Jahr 2014. Es war eine Zeit, in der die CEOs der meisten globalen Unternehmen von den Chancen auf dem chinesischen Markt schwärmten. Jeder, der die Verlässlichkeit dieser Art von Geschäftsbeziehungen infrage stellte, wurde als Spielverderber abgestempelt. Im Jahr 2015 begann ich, über eine wertebasierte Handelspolitik nachzudenken. Ich war überzeugt, dass wir eine bessere Lösung brauchen als eine einseitige Entkopplung. So entstand die Idee eines neuen demokratischen und transatlantischen Handelsbündnisses. Eines, das Demokratien stärken würde, damit sie unabhängig von Diktatoren werden. Viele, denen ich davon erzählte, waren skeptisch: Die Vision sei unrealistisch, unbezahlbar, naiv und gefährlich. Gute Freunde warnten mich: Mein Ruf würde darunter leiden. Alle, die von Geschäften mit nicht demokratischen Ländern profitieren, würden versuchen, dieses Buch zu diskreditieren. Es wäre besser, die Idee zu verwerfen, sagten sie. Und das tat ich auch.

Ein paar Jahre später schrieb ich trotzdem ein Exposé für das Buch und schickte es sowohl an den Literaturagenten Andrew Wylie als auch an einen großen deutschen Verlag. Die Antwort des Verlegers war nicht gerade euphorisch: Es sei eine absurde Idee. Wie ich darauf kommen würde, dass ich qualifiziert sei, über dieses Thema zu schreiben? Ich solle lieber Reden halten. Und dann, als im Februar 2022 der Krieg in der Ukraine begann und so ziemlich alles genau so kam, wie ich es vorausgesagt hatte, rief mich Andrew Wylie an und sagte: „Mathias, Du musst dieses Buch schreiben."

In diesem Buch geht es nicht vorrangig um Wirtschaft, auch wenn es ziemlich viele Zahlen enthält. Es ist ein Buch über die Zukunft. Es geht hauptsächlich um uns, die Bürger. Unser Verhalten. Unsere Werte. Und um die Folgen unseres Handelns. Es geht um die Zukunft unserer Freiheit.

Das Buch verbindet meine Erfahrungen als CEO eines internationalen Medienunternehmens – meine Rolle hat meine Überzeugungen durch viele konkrete Erlebnisse reifen lassen – mit objektiven Analysen, nüchternen Fakten und zugespitzten Meinungen. Das Buch hat keine parteipolitische Agenda. Es geht um die Stärkung der Demokratie. Ich propagiere weder die Renaissance der „neokonservativen" Politik noch die Verwirklichung „linker" Träume. Es ist ein überparteiliches Anliegen. Das Buch ist so unparteiisch und ideologisch unberechenbar wie ich selbst. Für die Linken stehe ich zu weit rechts. Und für die Rechten bin ich zu weit links. Zwischen den Stühlen, was für einen Verleger der richtige Ort ist, denke ich.

Die Idee, die ich in diesem Buch skizziere, mag auf den ersten Blick unmöglich erscheinen. Und ja, sie ist nicht sofort realisierbar. Aber es gibt ein wunderbares Sprichwort, das Otto von Bismarck zugeschrieben wird: „Politik ist die Kunst des Möglichen". Dieser Satz wird oft missverstanden – vor allem von Politikern – in dem Sinne, dass Politik nur das tun könne, was in einem bestimmten Moment ohnehin möglich sei. Das ist mehr oder weniger das Gegenteil von dem, was Bismarck vermutlich meinte. Denn sonst wäre Politik keine Kunst. Und es gäbe keinen Bedarf für begabte und durchsetzungsfähige Politiker. Die „Kunst des Möglichen" hat vielmehr damit zu tun, das scheinbar Unmögliche in einem bestimmten Moment möglich zu machen. Das ist die Kunst – und auch das Handwerk – der Politik.

So gesehen ist viel mehr möglich, als wir denken. Manchmal sogar das Unmögliche.

30 MINUTEN MIT WLADIMIR PUTIN

Ich habe Wladimir Putin einmal persönlich getroffen. Das kurze Gespräch fand 2005 im Kreml statt, wenige Monate nachdem Paul Klebnikov, der Chefredakteur von Forbes Russia, aus unklaren Grün-

den direkt vor dem Büro der Zeitschrift in Moskau erschossen worden war. Forbes Russia war die Lizenzausgabe eines Magazins, das in Russland vom Axel Springer Verlag publiziert wurde, dessen Vorstandsvorsitzender ich seit zwei Jahren war.

Am 9. Juli 2004 wurde Paul Klebnikov beim Verlassen des Forbes-Büros spätabends unweit des Redaktionsgebäudes von Unbekannten angegriffen, die aus einem langsam fahrenden Auto heraus neunmal auf ihn schossen. Klebnikov, Vater von drei kleinen Kindern, wurde viermal getroffen. Er überlebte den Angriff zunächst, starb aber im Krankenhaus, nachdem er in einem Krankenwagen ohne Sauerstoffflasche transportiert worden war und der Krankenhausaufzug, der ihn in den Operationssaal bringen sollte, zwischen zwei Stockwerken stecken blieb. Beobachter bezeichneten den Angriff als Auftragsmord. Verschiedene Kommentatoren hatten spekuliert, dass eine Geschichte des Magazins über Steuerpraktiken der 100 reichsten Menschen Russlands den Angriff motiviert haben könnte; manche vermuteten Oligarchen hinter dem Mord, andere die Regierung selbst.

Das Treffen wurde von der deutschen Regierung auf Vermittlung des damaligen Leiters des Kanzleramtes, Frank-Walter Steinmeier, organisiert. Es ging darum, unseren Verlag zu ermutigen, weiterhin Geschäfte in Russland zu tätigen.

In den sehr frühen Morgenstunden des 20. Januar 2005 fliege ich von Berlin nach Moskau und schlängle mich mit einem Fahrer fast drei Stunden durch den Stau auf der monumentalen Zubringerstraße in die Innenstadt zum Roten Platz. Im Kreml angekommen, wird mir zunächst das Handy abgenommen (noch Wochen später höre ich von da an beim Telefonieren und auf der Mailbox russische Stimmen, bis ich Gerät und Nummer wechsle). Durch labyrinthisch verschlungene Korridore werde ich in einen Warteraum gebracht, wo sich ein Übersetzer befindet, der mich bei dem Gespräch begleiten soll. Es gibt einen Kaffee und Sprudelwasser. Zum vereinbarten Zeitpunkt des Termins geschieht: nichts. Auch eine halbe Stunde später keine Regung, keine Erklärung, wie lange die Verspätung wohl dauern wird.

Nach ungefähr einer Stunde frage ich mit dem Übersetzer bei einer Sekretärin nach. Das sei üblich, der Präsident habe Wichtiges zu tun. Zeitangaben könne man gar keine machen, ich solle noch einen Kaffee trinken. Ich denke an die berühmte Moskau-Reise unseres Unternehmensgründers Axel Springer 1958. Damals musste er zwei Wochen auf Nikita Chruschtschow warten, bis dieser ihn empfing. Ob Putin das kopieren will? Nach zweieinhalb Stunden – ich habe etwa fünfmal nachgefragt – bin ich nicht nur genervt von dem offenkundigen Demütigungsritual, sondern auch ernsthaft besorgt. Am nächsten Vormittag findet eine Aufsichtsratssitzung in Berlin statt, die ich unter keinen Umständen verpassen darf. Wegen der Schließzeiten des Flughafens habe ich angesichts der etwa dreistündigen Rückfahrt zum Flughafen nicht mehr viel Zeit, um noch rechtzeitig zurück nach Deutschland zu kommen. Ich erkläre der verdutzten Sekretärin sehr freundlich mein Dilemma und kündige an, den Termin leider verschieben zu müssen, falls er nicht innerhalb der nächsten Stunde zustande kommt. Offenkundig ist man darauf nicht vorbereitet. Eine große Unruhe entsteht, mehrere Männer wuseln plötzlich in dem Büro herum, Türen schlagen. Nach einer halben Stunde ist es so weit. Der Präsident ist bereit.

Zusammen mit dem Übersetzer und einem Begleiter stehe ich vor einer überdimensionierten Flügeltür. Plötzlich öffnet sich das Portal zu einem endlosen, an der stuckverzierten Decke prunkvoll vergoldeten Saal. Ein Sicherheitsmann hält mich zurück. Erst in dem Moment, als Wladimir Putin den Raum durch die gegenüberliegende Tür betritt, darf ich loslaufen. Das Protokoll diktiert, dass wir uns genau in der Mitte des Saals treffen müssen. Jede Bewegung scheint präzise wie ein höfisches Ritual orchestriert. Wir nehmen an einem langen, großen Tisch Platz. Der Dolmetscher sitzt dabei, ohne ein einziges Wort zu übersetzen. Putin spricht mit extrem leiser Stimme, schwer zu verstehen, aber in ausgezeichnetem, fast akzentfreiem, leicht sächselndem Deutsch.

Zu Beginn erklärt der Präsident, wie sehr er den Vorfall bedauere. Dass unser Verlag sich durch diesen schrecklichen Fall keinesfalls *davon abhalten lassen dürfe, weiterhin in Russland aktiv zu bleiben. Man werde das Verbrechen mit höchster Priorität aufklären. Wir werden die Täter finden, sagt er fast flüsternd, sodass ich mich vorbeugen muss, um seine Worte zu verstehen, wir werden sie finden, seien Sie sicher.*

Es geht dann bald um Grundsätzlicheres. Wobei mir eine Sequenz besonders in Erinnerung bleiben wird. Der tschetschenische Terrorismus sei eine große Herausforderung für das Land, sagt Wladimir Putin. Ob die Bekämpfung des Islamismus nicht potenziell eine gemeinsame Herausforderung und also ein gemeinsames Interesse von USA, EU und Russland darstelle, frage ich. Ja, sagt Wladimir Putin, wir haben viele kollektive Interessen und Gemeinsamkeiten. Und dann sagt er die entscheidenden Sätze: Wenn die USA nur aufhören würden, uns wie eine Kolonie zu behandeln. Unsere russische Kultur·ist wesentlich älter, unsere Gefühle sind tiefer als die der Amerikaner. Wir haben unsere eigenen Traditionen, wir haben unseren eigenen Stolz. Wir sind keine amerikanische Kolonie.

Da blitzt er auf, der verletzte Stolz des Führers einer ehemaligen Supermacht, die sich nur noch als Mittelmacht wahrgenommen fühlt. Da spürt man sie, die sich in den kommenden Jahren immer mehr radikalisierende Ambition, genau das zu ändern. Es fühlt sich schon damals, in einer aus heutiger Sicht harmloseren Frühphase, irgendwie beunruhigend, ja gefährlich an.

Nach ein paar unverbindlicheren Gesprächsschleifen und präzise nach einer halben Stunde beendet Wladimir Putin das Gespräch: Ich habe gehört, Sie haben es eilig, aber machen Sie sich keine Sorgen, sie bekommen eine Eskorte zum Flughafen, dann geht es schneller.

Mit in Formation fahrenden Motorrädern vor und hinter meinem Wagen, Blaulichtgewitter und Megafon-Stimmen, mit denen die sich stauenden Autos vertrieben werden, rasen wir zum Flughafen. Eine Einschüchterung aller Beteiligten. Eine Machtgeste. Ich schäme mich hinter der Fensterscheibe. Und komme viel zu früh am Flughafen an.

Nach der Ermordung unseres Chefredakteurs bleibt die Berichterstattung der russischen Medien von Axel Springer genauso kritisch wie vorher. Wir ändern nichts. Auch nicht, als ein anderer Chefre-dakteur Jahre später vom Moskauer Bürgermeister bedroht wird, um die Veröffentlichung eines Porträts seiner Frau zu verhindern. Nicht, nachdem die Tochter unserer Geschäftsführerin unter unklaren Umständen für ein paar Tage entführt wird. Und schon gar nicht während der Annexion der Krim 2014, bei der unsere Publikationen eine sehr regierungskritische Haltung einnehmen.

Das Problem wird schließlich anders gelöst. Im Jahr 2014 beschließt die russische Regierung ein Gesetz (es tritt 2017 in Kraft), das den Besitz ausländischer Medien auf 20 Prozent begrenzt – ein Gesetz, das rückwirkende Gültigkeit besitzt. Es kommt mit wenig Vorwarnung und trotz der Vorhersage von Experten, dass ein solches Gesetz niemals in Kraft treten werde. Die Konsequenz ist, dass wir 80 Prozent unseres Geschäfts an einen russischen Staatsbürger verkaufen müs-sen. Wir werden diskret über die Erwartung informiert, dafür einen regierungsfreundlichen Unternehmer zu finden. Auf diese Weise können wir in Russland weiterhin Geld verdienen, aber die redakti-onelle Kontrolle wäre in „sichereren" Händen. Das Unternehmen Axel Springer weigert sich und „verkauft" 100 Prozent des Geschäfts für einen symbolischen Preis an einen Regimekritiker russischer Nati-onalität.

Unser Fazit: Wir hätten besser nie in Russland Geschäfte gemacht.

TEIL 1

DER STATUS QUO: ALTE UND NEUE FEINDE

DIE DEMOKRATIE
IN DER DEFENSIVE

E s gibt Sätze, die Geschichte schreiben. Es gibt Sätze, die Geschichte beschreiben. Und es gibt Sätze, die Geschichte beschwören.

Geschichte geschrieben hat ein Satz, der sich ausgerechnet mit dem Ende der Geschichte beschäftigt. 1992 verfasste der Historiker Francis Fukuyama sein berühmt gewordenes Buch „The End of History and the Last Man". Schon 1989 – unter dem Eindruck des Mauerfalls – formulierte er in einem Artikel für *The National Interest* seine zentrale These: „Was wir möglicherweise erleben, ist nicht nur das Ende des Kalten Krieges oder das Ende einer bestimmten Periode der Nachkriegsgeschichte, sondern das Ende der Geschichte als solcher: Das heißt, der Endpunkt der ideologischen Evolution der Menschheit und die Universalisierung der westlichen liberalen Demokratie als die endgültige Form der menschlichen Regierung." Und weiter: „Der Triumph der demokratischen Welt, der westlichen Idee, zeigt sich vor allem in der völligen Erschöpfung lebensfähiger systematischer Alternativen zum westlichen Liberalismus."

Geschichte beschrieben hat ein Satz des Historikers Yuval Noah Harari aus seinem 2015 erschienenen Buch „Homo Deus", das eine neue gottähnliche Ära der Menschheit vorhersagt, weil alte Probleme und Beschränkungen überwunden seien: „Doch am Morgen des dritten Jahrtausends wacht die Menschheit auf und macht eine erstaunliche Feststellung. Die meisten Menschen denken selten daran, doch in den letzten Jahrzehnten ist es uns gelungen, Hunger, Krankheit und Krieg im Zaum zu halten. Natürlich sind diese Probleme nicht vollständig gelöst, aber was einmal unbegreifliche und unkontrollierbare Kräfte der Natur waren, sind jetzt Herausforderungen, die sich bewältigen lassen. Wir müssen zu keinem Gott oder Heiligen mehr beten, um davor bewahrt zu werden. Wir wissen ziemlich genau, was zu tun ist, um Hunger, Krankheit und Krieg zu verhindern – und in der Regel gelingt uns das auch."

Geschichte beschworen hat schließlich die weltberühmt gewordene Sentenz „Wandel durch Handel". Sie geht zurück auf ein Zitat des SPD-Politikers Egon Bahr, der in den 1960er-Jahren die Ostpolitik des späteren deutschen Bundeskanzlers Willy Brandt unter das Motto „Wandel durch Annäherung" stellte. Später wurde daraus „Wandel durch Handel", eine Hoffnung, ein Versprechen und eine Beschwörung, die in keiner Rede der deutschen Bundeskanzler Helmut Kohl und später Gerhard Schröder fehlte, wenn es darum ging, bei Staatsbesuchen in China oder Russland zu noch intensiveren Wirtschaftsbeziehungen zu ermutigen. Und auch Vertreter der Wall Street benutzen die Phrase gern, wenn sie nicht demokratischen Ländern die Aufwartung machten.

Alle drei berühmt gewordenen Sätze haben eines gemeinsam: Zur Zeit ihrer Entstehung galten sie als visionär. Heute, im dritten Jahrzehnt des dritten Jahrtausends, haben sie sich als falsch oder sogar gefährlich erwiesen. Im Grunde sind es drei optimistische Behauptungen: Die Demokratie hat gesiegt. Mit Hungersnöten, Seuchen und Kriegen müssen wir uns nicht mehr beschäftigen, die sind überwunden. Und mit Unrechtsstaaten und Diktaturen müssen wir nur möglichst viel Geschäfte machen, dann wird sich auch dort alles zum Freiheitlichen wenden. Drei falsche Versprechen. Drei an der Wirklichkeit zerschellte Utopien.

Demokratie und Freiheit haben sich global als Systeme eben nicht durchgesetzt. Vielmehr ist die Demokratie weltweit auf dem Rückzug, freie und offene Gesellschaften sind existenziell gefährdet. Die Nicht-regierungsorganisation *Freedom House* sieht im siebzehnten Jahr in Folge einen Rückgang der Demokratie und spricht von einer „langen demokratischen Rezession". Immer mehr Länder werden von „frei" zu „teilweise frei" und von „teilweise frei" zu „unfrei" herabgestuft. Im Jahr 2021 haben sich 60 Länder verschlechtert und nur 25 verbessert. Etwa 38 Prozent der Weltbevölkerung leben in unfreien Ländern. Das ist der höchste Stand seit 1997. Die Freiheit ist objektiv weltweit in der Defensive.

Der Anteil der „freien" oder „größtenteils freien" Volkswirtschaften an der globalen Produktion wird voraussichtlich von 57 Prozent im Jahr 2000 auf 33 Prozent im Jahr 2050 sinken, basierend auf den BIP-Prognosen von Bloomberg Economics. Der Anteil derer, die als „größtenteils unfrei" eingestuft werden – das heißt Volkswirtschaften mit einem hohen Maß an staatlichem Eigentum und Kontrolle –, wird voraussichtlich von zwölf Prozent auf 43 Prozent steigen. Die Geschichte ist nicht zu Ende. Sie wird gerade wieder richtig gefährlich.

Hunger, Krankheit und Krieg sind nicht beherrscht und verschwunden, sie sind zurück und beherrschen uns. In der Ukraine und in Israel herrscht Krieg, das aus China global exportierte Corona-Virus kann seit seiner internationalen Verbreitung 2020 auch durch modernste Medizin nicht gebannt werden. Und in Afrika und anderswo verhungern wieder Menschen.

Vor allem aber: „Wandel durch Handel" hat zwar stattgefunden, aber nicht so wie von den Erfindern des Slogans gedacht. Die Sentenz ist in ihr makabres Gegenteil verkehrt worden. Autokratien und Diktaturen wie Russland und China oder islamistische Theokratien sind durch immer intensivere Geschäftsbeziehungen mit der demokratischen Welt nicht liberaler, toleranter und weltoffener geworden, sondern vielmehr noch radikaler und unfreier. „Wandel durch Handel" war also kein Projekt zur Stärkung von Demokratie, sondern ein Feldzug zu ihrer Schwächung.

Im dritten Jahrzehnt des dritten Jahrtausends erscheint die Weltordnung fragil. Politisch und wirtschaftlich ist die demokratische

Welt so schwach wie seit Jahrzehnten nicht mehr. Und wenn sich nichts Grundlegendes ändert, stehen wir am Anfang vom Ende der Demokratie. Unfreiheit besiegt dann Freiheit.

Die großen multilateralen Institutionen, die nach dem Zweiten Weltkrieg überwiegend auf amerikanische Initiative geschaffen wurden, sind geschwächt oder dysfunktional oder korrupt oder all das zusammen. Am offenkundigsten hat sich die UNO in das Gegenteil ihrer Grundidee verkehrt: Anstatt den Weltfrieden zu sichern und die Einhaltung des Völkerrechts und der Menschenrechte zu gewährleisten, haben sich die Vereinten Nationen zu einem Bürokratie-Monster entwickelt, in dem Schurkenstaaten Mehrheitsbündnisse schmieden, um Demokratien zu verhöhnen und Diktaturen vor unangenehmen Interventionen zu schützen. Deutschland hat nicht viel zu sagen oder hält sich gern raus, Amerika kann sich oft nicht durchsetzen, eine Ernennung von Richtern in Island wird als Menschenrechtsverletzung skandalisiert, damit man über Uiguren-Lager in China schweigen kann. Und mit Waffenstillstands-Abstimmungen soll Israel an der Selbstverteidigung und Sicherung seines Existenzrechts gehindert werden. Nur die Nicht-Demokratien halten meist fest zusammen. Eine Farce.

Die Weltgesundheitsorganisation WHO hat sich vor allem während der Corona-Pandemie diskreditiert. Die jahrelange Entwicklung von einer medizinisch motivierten Organisation hin zu einer politisch geprägten Institution wurde durch die Pandemie offenbar. Ein von der WHO eingesetztes unabhängiges Expertengremium ist inzwischen zu dem Ergebnis gekommen, dass die WHO nicht schnell genug gehandelt hat und schon deutlich vor dem 30. Januar 2020 den Notstand hätte ausrufen müssen. Schon Anfang Januar hatte der chinesische Augenarzt Li Wenliang auf das Virus hingewiesen. Er wurde von der Polizei verhört und zum Schweigen gebracht. Als der Ausbruch nicht mehr zu vertuschen war, griff die kommunistische Führung zu drastischen Maßnahmen, die in keinster Weise mit der Einhaltung der Menschenrechte vereinbar waren. Und trotzdem wurde das Krisenmanagement der Chinesen lange Zeit von der WHO gelobt. Dieses blinde Vertrauen in China bescherte der Welt eine Pandemie mit mehr als sechs Millionen Toten. Auch die EU ist 70 Jahre nach der Gründung ihrer Vorgängerorganisation in einer tiefen Identitätskrise. Besonders während der Flüchtlingskrise seit 2015 bewiesen der europäische Staatenbund und seine Bürokratien in Brüssel und Straßburg, dass sie nicht Teil der Lösung, sondern eher Symbol des Problems sind. Selbst die einfachste logistische Herausforderung, eine geordnete europäische Verteilung von Flüchtlingen, wurde nicht bewältigt und mündete in Chaos und Streit. Großbritannien zog 2016 mit dem Brexit die Konsequenz und verließ den europäischen Club.

Ein besonders trauriger Fall sich ins Gegenteil verkehrender guter Absichten ist die Welthandelsorganisation WTO. Das Schlüsseldatum ihres strategischen Scheiterns war der 11. Dezember 2001, als China nach 15 Jahren Verhandlungen als Vollmitglied aufgenommen wurde. Eine großartige Entscheidung für China, aber der vielleicht größte Fehler der demokratischen Volkswirtschaften in jüngster Zeit. Wenn man die BIP-Daten der Weltbank in eine einfache Berechnung einbezieht, wird die Absurdität des Problems auf den Punkt gebracht: Seitdem ist der Anteil der USA am Welt-Bruttoinlandsprodukt von 31,47 Prozent im Jahr 2001 auf 24,15 Prozent im Jahr 2021 gesunken. Der Anteil Europas fiel von 21,99 Prozent auf 17,79 Prozent. China hingegen hat seinen Anteil im selben Zeitraum von 3,98 Prozent auf über 18,32 Prozent gesteigert: fast eine Verfünffachung binnen weniger als zwei Jahrzehnten.

Chinas Anteil an den weltweiten CO_2-Emissionen ist in ähnlicher Weise in die Höhe geschnellt – seit dem Beitritt zur WTO hat er sich verdreifacht. Im Jahr 2021 war China für 32,87 Prozent der weltweiten Kohlenstoffemissionen verantwortlich. Das ist mehr als die folgenden fünf größten Verschmutzerländer (die USA, Indien, Russland, Japan und Iran) zusammen. Eine Klimapolitik ohne China bleibt ein naiver Traum. Demokratische Volkswirtschaften werden dadurch geschwächt, China gestärkt – und die Erde erwärmt sich weiter. Doch ein gemeinsamer Weg ist nicht in Sicht. Wie konnte es dazu kommen?

Der große Fehler bestand darin, demokratische Marktwirtschaften einer Form des nicht demokratischen, staatlich gelenkten Kapitalismus auszusetzen, der eigene Regeln schafft und geltende Handels- und Wettbewerbsbedingungen missbraucht. Asymmetrie statt Symmetrie, angeheizt durch Chinas anhaltenden Status als Entwicklungsland – ein Status, der es China erlaubt, von lockereren Sonderregeln innerhalb der WTO zu profitieren. Ein Status, der für eine wirtschaftliche Supermacht wie China absurd ist. Mit Freihandel hat das nichts zu tun. Eher mit Demokratie-Masochismus.

Das Centre for Economics and Business Research prognostiziert, dass China bis 2036 die USA überholt haben wird, um die größte Volkswirtschaft der Welt und vielleicht auch der mächtigste politische Akteur zu werden. Eine Fortsetzung der aktuellen Handelspolitik gegenüber China kann nur eine Konsequenz haben – den Niedergang demokratischer Volkswirtschaften und Gesellschaften. Wirtschaftlicher Dominanz folgt politischer Einfluss. Am Ende steht wirtschaftliche und politische Abhängigkeit. Und Schritt für Schritt der Systemwechsel.

Bis vor Kurzem wurden solche Szenarien als Panikmache abgetan. Seit Putins Angriffskrieg in der Ukraine – verschärft durch den Terror-Krieg der Hamas in Israel – ist alles anders. Russlands Invasion und ihre fatalen Folgen für Europa und die Welt waren der brutalst denkbare Weckruf. Eine Zeitenwende, wie Bundeskanzler Olaf Scholz es formulierte. Eine große Ernüchterung. Und der Beweis, dass Appeasement sowohl sicherheitspolitisch als auch wirtschaftspolitisch im 21. Jahrhundert genauso wenig funktioniert wie im 20. Jahrhundert. Wladimir Putin hätte allerspätestens nach der Annexion der Krim nur durch militärische Allianz und Härte, nicht aber durch lukrative Gas-Verträge und Projekte wie Nord Stream 2 an weiteren Eroberungsfeldzügen gehindert werden können. Dass er einen konventionellen Krieg führen würde, schien für die meisten an sich schon unvorstellbar. Ein Cyberkrieg vielleicht, ein Wettrüsten mit künstlicher Intelligenz und Daten eventuell, aber mitten in Europa doch kein Krieg mit Soldaten, Panzern und Bombenangriffen, um Territorium zu gewinnen und andere Nationen zu erobern – undenkbar! Die Aggression eines autokratischen und totalitären Führers wie Putin hat viele demokratische Politiker überrascht. Man traute es ihm nicht zu, weil man die Psychologie und die Mechanismen des eigenen demokratischen Handelns auf den Führer eines autokratischen Systems übertrug. Ein Fehler, den die demokratische Welt im Umgang mit nicht demokratischen Systemen und ihren Despoten immer wieder gemacht hat. Im Iran, im Irak, in Syrien, in Saudi-Arabien, in Gaza und natürlich vor allem in China. Jetzt, da das Undenkbare geschehen ist, hält man auch das bisher Unmögliche für möglich. Plötzlich wird klar, dass China mit Taiwan so umgehen könnte wie Putin mit der Krim. Und dass genau wie in Russland dies nur der erste und nicht der letzte Schritt sein könnte. Selbst die Zuversichtlichsten erkennen, dass China seine globalen geostrategischen Ambitionen vielleicht nicht nur mit Daten und Dollars verfolgen könnte, sondern doch auch mit Waffen und Soldaten. Der russische Krieg und der Terror-Krieg der Hamas in Israel sind nur Stellvertreterkriege für den wahren Konflikt zwischen den USA und China. Es geht um die Schwächung der demokratischen Weltmacht Amerika. Es geht um die systematische Unterminierung der Demokratie. Putins Krieg und der Terror der Hamas wurden so zur letzten Warnung, zum potenziellen Katalysator eines großen konzeptionellen Umdenkens.

Aus Wandel durch Annäherung ist Wandel durch Anbiederung geworden. Eine neue wertebasierte Außen-, Sicherheits- und Handelspolitik ist in dieser Lage kein idealistisches Projekt. Es ist eine strategische Notwendigkeit für den Fortbestand der Demokratie.

Die Weltordnung erinnert dieser Tage eher an eine Dystopie. Freiheit und Demokratie werden durch Kriege, Diktatoren, Autokraten, Populisten und führungsschwache Politiker der offenen Gesellschaften bedroht, eine immer intoleranter werdende Toleranzbewegung, die unter dem Schlachtruf „Woke" einen Kultur-Krieg führt, und immer mehr freiheitsbeschränkende Methoden im Kampf gegen Klimawandel und Pandemie verstärken diesen Trend.

Einbußen beschert. Das Handeln dem Aggressor zu überlassen war allerdings die deutliche schmerzhaftere Variante. Die wirtschaftlichen Schäden erreichen so eine völlig andere Dimension. Und vor allem: Die abertausenden Todesopfer auf beiden Seiten sind unaufwiegbar. Alleingänge helfen in dieser Lage nicht weiter. Der U.S. Inflation Reduction Act (IRA) mag das größte jemals verabschiedete Gesetz sein, das nationale Investitionen sichert und gleichzeitig den Klimawandel bekämpft, aber es ist auch ein bisher gescheiterter Versuch, transatlantische Interessen zu bündeln. Durch den Schutz inländischer Investitionen wirkt sich der IRA nicht nur negativ auf aktuelle und zukünftige US-Investitionen in China aus, sondern auch auf Investitionen in demokratische Partnerländer wie Frankreich oder Deutschland. Dieser unilaterale Ansatz wurde von der EU und ihren Mitgliedstaaten scharf kritisiert. Der IRA wurde als Beispiel für rücksichtslosen amerikanischen Protektionismus dargestellt. Aber Europa hätte genau das Gleiche tun und sich koordiniert anschließen können. So wäre der IRA als kluge Initiative des transatlantischen Bündnisses zur Förderung von Innovation, Nachhaltigkeit und Stärkung demokratischer Volkswirtschaften wahrgenommen worden. Er hätte tatsächlich das erreichen können, was als sein ursprünglicher Zweck für beide Seiten des Atlantiks definiert wurde. Ein gutes Beispiel dafür, warum die Zusammenarbeit demokratischer Volkswirtschaften sinnvoll ist.

Eine neue Handelsarchitektur und die Neudefinition unserer Beziehung zu autokratischen Ländern sind auch deshalb unverzichtbar, weil nur sie eine anderenfalls fortschreitende und gefährlich eskalierende Deglobalisierung vermeiden.

Nur wenn eine Verhaltensänderung unseres Wirtschaftens und Handelns proaktiv gestaltet wird, wird es ein wachsendes Maß an internationaler Zusammenarbeit und an globaler Interessenbündelung geben. Wenn wir die Entwicklung den Autokratien überlassen, werden wir uns entweder irgendwann abrupt abkoppeln müssen – oder wir werden abgekoppelt. Deglobalisierung wäre die Folge. Globalisierung bedeutet nicht, alle auf einmal zu vereinen. Wirtschaftsbeziehungen auf der Grundlage grob unterschiedlicher Standards befördern Un-

Das Besondere an der gegenwärtigen Lage ist die Kumulation der Faktoren. Mit zwei Kriegen, mit einer Rezession, mit einer Inflation, mit einer Pandemie, selbst mit langfristigen Herausforderungen wie dem Klimawandel an und für sich kommt eine moderne Gesellschaft zurecht. Schwieriger wird es, wenn all das gleichzeitig passiert. Das Neue – und das Bedrohliche – ist die Gleichzeitigkeit der Krisen. Es herrscht ein Gefühl der Überforderung, der Unordnung, der Entfremdung, der Bedrohung. Gereiztheit, Polarisierung, Abgrenzung und Ausgrenzung sind die Folgen. Wir erleben eine große Abstoßung. Die eine Gruppe stößt die andere ab, jeder stößt den jeweils anderen ab. Das Kollektiv wird unwichtiger. Das Individuum steht im Vordergrund einer zunehmend narzisstischen Instagram-Ich-Gesellschaft. Bauernproteste in Deutschland erinnern an Aufstände, die in den vergangenen Jahrhunderten zu Regierungs- und Systemwechseln führten.

Große Volksparteien verlieren an Rückhalt. Überhaupt findet eine Entzauberung großer Institutionen statt. Gewerkschaften, Kirchen, NGOs, große Traditionsunternehmen verlieren an Bedeutung und Charisma. Etablierte Medienmarken verschwinden und die verbliebenen haben die Autorität, darüber zu entscheiden, was wichtig ist und was weniger, weitgehend verloren. Viele altehrwürdige journalistische Marken bemühen sich, den Zerfall der Demokratie mit aller Kraft zu verhindern, und agieren dabei oft so einseitig und aktivistisch, dass sie den Zerfall beschleunigen.

Gleichzeitig gewöhnt sich die Gesellschaft daran, dass die finanziellen Konsequenzen großer Krisen durch staatliche Hilfen abgefedert werden. Riesige staatliche Hilfspakete mildern die brutalen Kräfte des Marktes weitgehend ab. Die Bürger gewöhnen sich so schleichend an eine neue Form von staatlich gesponsertem Kapitalismus. Auch wenn es in der Ausprägung noch nicht vergleichbar ist: Letztlich klopft so leise das chinesische Modell des Staatskapitalismus an amerikanische und europäische Türen.

Wie ein Sedativ wirkt in dieser Lage, dass die alte Regel nicht mehr gilt, nach der eine Rezession mit hoher Arbeitslosigkeit einhergeht. Der massive Fachkräftemangel, die „große Arbeiterlosigkeit" führt dazu, dass eine tiefe Rezession bei Vollbeschäftigung denkbar ist. Dieses neue Phänomen vernebelt den Ernst der Lage zusätzlich. Der Abstieg westlicher Volkswirtschaften lässt sich im Homeoffice mit sicherem Arbeitsplatz und Stütze vom Staat recht komfortabel ertragen. All das ist beunruhigend. Und doch liegt auch in dieser Krise – wie in jeder – eine große Möglichkeit. Es scheint, als stehe die offene Gesellschaft an einer Weggabelung. Alles ist denkbar. Das, was wir erleben, kann der Anfang vom Ende der freien Demokratien sein. Oder der Beginn einer Besinnung. Der Anfang einer Ära der Erneuerung und Stärkung der offenen Gesellschaft. Beides ist möglich. Es liegt in unserer Hand.

Die Weltordnung der letzten 75 Jahre löst sich in Hochgeschwindigkeit auf – getrieben von führungsschwachen Demokratien und immer stärker werdenden Populisten, Autokraten und Diktatoren. Auf viele europäische Jahrhunderte und zwei amerikanische Jahrhunderte ist mit dem 21. Jahrhundert ein Säkulum Asiens gefolgt, konkret eine Epoche unter chinesischer Dominanz. Das ist – kann man sagen – der Lauf der Dinge. Im freien Spiel der Kräfte und des Wettbewerbs geht es für alle Beteiligten mal rauf, mal runter. Wenn seit dem 19. Jahrhundert die europäische Feudalgesellschaft sich als zu schwach erwiesen hat und amerikanische Meritokratie einfach erfolgreicher war als europäische Aristokratie, dann ist das nur fair. Und dann sollte man das akzeptieren. Es gibt im Wettbewerb der Kräfte nun mal Gewinner und Verlierer. Das große Problem in diesem Fall aber ist: Der Wettbewerb der Demokratien mit Nicht-Demokratien erfolgt nach ungleichen Regeln. Es ist deshalb kein echter Wettbewerb. Das Ergebnis kann also nicht fair sein. Und es sollte folglich nicht schicksalsergeben akzeptiert werden.

Genau das ist in einem immer polarisierteren Amerika, quer durch alle Lager, bei Rechten und Linken, Republikanern und Demokraten, Unternehmern und Politikern mittlerweile Konsens. Es ist die vielleicht einzige wirklich überparteiliche Gewissheit: Die Rolle Chinas ist gefährlich. Die entstehende Abhängigkeit von China ist nicht im amerikanischen Interesse.

Während die USA beschlossen haben, sich von China abzukoppeln, zögert Europa noch. Ursula von der Leyens „Derisking"-Ansatz versucht, wirtschaftliche Interessen und nationale Sicherheitsbedenken auszugleichen. Aber das wird nicht genügen. Es braucht ein neues, umfassenderes Modell. Im globalen Spiel der Kräfte werden jetzt neue oder alte Allianzen geschmiedet oder vertieft oder zerstört. Alleine wird es Amerika nicht schaffen, ohne langfristig erheblichen Schaden zu nehmen. Die Hybris eines amerikanischen Alleingangs nach dem Motto „America first" oder „America only" ist der sichere Weg in die Isolation mit unvermeidbarem Bedeutungsverlust. Genauso gilt allerdings: Einen europäischen Sonderweg gibt es auch nicht. Ob man manche Allüren und Umständlichkeiten der Europäer mag oder nicht: Die beiden Kontinente sind als Kraftzentrum einer demokratischen und freien Gesellschaftsordnung schicksalshaft aufeinander angewiesen. Es gibt in dieser Frage keinen Raum für die Souveränität einzelner Nationen. Es kann nur um eines gehen: die Souveränität der Demokratie.

Die amerikanischen (Vor-)Urteile gegenüber der EU sind bekannt und zum Teil berechtigt. Zu früh aufgeben sollte man Europa aber nicht. Die zunehmende Polarisierung der Gesellschaft, vor allem aber die Polarisierung des globalen Machtgefüges, hier ein zunehmend in Lagerkämpfen und Zwängen der Political Correctness erstickendes Amerika, dort ein mit den Mitteln von Staatskapitalismus und Datenüberwachung seine globale Dominanz ausbauendes China, bieten eigentlich eine historische Chance für Europa und für Deutschland. Der Kontinent der Vielfalt, des Ideenwettbewerbs, des intellektuellen Eigentums, der Nachhaltigkeit, vor allem aber der freiheitlichen und sozial ausbalancierten Lebensformen könnte für junge Menschen zum Hoffnungsort werden – „the European way of life" als Modernisierungsmagnet. Ich wünsche mir diesen Aufbruch. Und glaube: Das 21. Jahrhundert kann noch sehr überraschend zu einem neuen amerikanisch-europäischen Jahrhundert werden. Die Alternativen jedenfalls sind schlechter.

Konkret gibt es an der großen Weltordnungs-Weggabelung, an der wir uns derzeit befinden, zwei richtungsentscheidende Möglichkeiten.

Szenario 1: China erhöht den Abhängigkeitsgrad Afrikas und Europas. Die von Putin und Xi betriebene Entfremdung zwischen Amerika und Europa setzt sich fort. Europa wird in diesem Fall ein eurasischer Annex Chinas. Eine gelenkte Demokratie mit Überwachung und stark eingeschränkter Meinungsfreiheit. Eine Art historisch lehrreicher Freizeitpark für Touristen aus aller Welt. Beispielsweise in Mecklenburg-Vorpommern kann man dann besonders ökologisch intakte Natur bewundern, in Venedig die geschichtlichen Spuren der Renaissance, in Paris die nostalgisch romantisierte Stadt der Liebe. Wertschöpfung findet in Europa in diesem Szenario nur noch wenig statt. Produziert wird woanders. Russland und islamistische Autokratien koordinieren ihre Interessen und Aktivitäten und werden zu immer selbstbewussteren Aggressoren in der Durchsetzung ihrer ausdrücklich nicht demokratischen Werte. Amerika isoliert sich, die einstmals größte Volkswirtschaft der Welt wird wirtschaftlich und politisch immer weiter geschwächt und degeneriert zur Supermacht von gestern. Die Demokratie wird so auch in den USA mehr und mehr als ineffizientes Modell betrachtet und durch irrlichternde Repräsentanten der politischen Extreme Schritt für Schritt ausrangiert.

Szenario 2: Die Wiederbelebung einer echten transatlantischen Allianz als Wirtschafts- und Wertebündnis und Alternative zur einseitigen Abkopplung der USA von China gelingt. Die meisten anderen demokratischen Länder der Welt schließen sich diesem Bündnis an. Die freiheitlichen, sicheren, menschenwürdigen und nachhaltigen und auf Vielfalt und Wettbewerb und Leistung basierenden Lebensformen in diesen Systemen wirken anziehend auf die besten jungen Talente aus aller Welt. Die freie westliche Welt baut so den angesichts der demografischen Schrumpfung entscheidenden System-Wettbewerbsvorteil der Zukunft aus: Zugang zu gut ausgebildeten Arbeitskräften. In diesem Szenario ist China im Verbund mit einigen islamistischen Staaten isoliert, wird zur starken, aber abgeschotteten und durch extreme Homogenität langfristig geschwächten Macht. Russland entscheidet sich wahrscheinlich zunächst für die Abhängigkeit von

China, am Ende aber doch für den demokratischen Bund AMEURUS (Amerika, Europa, Russland). Und eines Tages erkennt auch China, dass etwas mehr Freiheit viel mehr Wohlstand und Stabilität sichert.

Zum wichtigen Akteur, gegebenenfalls sogar zum entscheidenden Faktor in diesem Kräftespiel wird in beiden Fällen Indien. Indien kann unter Narendra Modi oder seinen Nachfolgern an maximaler Neutralität weiterarbeiten. Eine Art Schweiz mit 1,4 Milliarden Bewohnern. Oder sich als eines der Kraftzentren der Allianz demokratischer Volkswirtschaften anschließen. Es wird entscheidend sein, dass eine amerikanisch-europäische Allianz attraktiv und integrativ genug auftritt. Indien, die bevölkerungsreichste Demokratie der Erde, an der falschen Seit kann – sosehr man das Land in seiner derzeitigen, von Korruption geprägten Verfassung noch wirtschaftlich unterschätzen mag – einen fatalen oder erfolgsentscheidenden Unterschied machen.

Wenn man wirksame Anreize für das Entstehen einer einigermaßen stabilen und mehrheitlich der offenen Gesellschaft verpflichteten Weltordnung schaffen will, wird dies nicht auf primär politischem Gebiet gelingen. Erst recht nicht allein kulturell. Der entscheidende Anreiz liegt – wie fast immer – auf wirtschaftlichem Gebiet. Und dabei geht es natürlich immer zuerst um China, am Ende aber um weit mehr als um China.

Der russische Krieg in der Ukraine und der Angriff der Hamas auf Israel haben dem letzten Optimisten schmerzlich gezeigt: Es geht – wenn es darauf ankommt – um Werte und Regeln. Die späte, aber dennoch rechtzeitige Erkenntnis lautet: Wer diese Werte und Regeln nicht teilt, kann langfristig kein verlässlicher Wirtschaftspartner sein. Erst recht kein strategischer oder gar sicherheitspolitischer Verbündeter. Deutschland glaubte, eine energiepolitische Abhängigkeit von Russland sei vor allem deshalb kein Problem, weil Russland nicht bis zum Äußersten gehen und somit niemals den Gashahn abdrehen würde. Aber Russland ist bis zum Äußersten gegangen und hat das vermeintlich Undenkbare getan. Anfang September 2022 stand fest: Von Russland soll es nur noch Gas für Europa geben, wenn die Sanktionen zurückgenommen werden. Ähnlich wird auch China in Taiwan agieren – und eines Tages zum Äußersten gehen. Wie auch Katar oder Saudi-Arabien oder andere nicht demokratische Öl- oder Energie-Kalifate irgendwann zum Äußersten gehen werden. Wenn sie es können, weil man sie lässt.

Der große und immer wiederholte Fehler gutmütiger Demokraten ist es, anderen nicht zuzutrauen, wozu man selbst nicht fähig wäre. Nicht-Demokraten tun sehr oft nicht das, was gut für ihr Land und ihr Volk ist. Erst recht tun sie nicht immer das Vernünftige. Und noch weniger tun sie das ethisch Akzeptable. Sie tun das, was sie wollen und was sie können.

Weil man sie lässt.

In diesem Sinne muss das Dilemma tiefer und unabhängiger von aktuellen Entwicklungen durchdrungen und gelöst werden. Es braucht eine neue Welthandelsordnung. Es braucht ein wirtschaftliches Bündnis der Demokratien. Und eine Einladung an alle, jederzeit, aber unter klaren Bedingungen Teil davon zu werden.

Nun kann man darüber streiten, ob das beschriebene Problem überhaupt gelöst werden sollte, ob es noch gelöst werden kann, ob es nicht längst schon viel zu spät ist. Es gibt unzählige Argumente, warum eine so radikal neue Idee einer wertebasierten Außen- und Handelspolitik unrealistisch ist, die Macht des Faktischen zu groß und warum wir uns mit jeder Änderung zuerst und zu sehr selbst beschädigen.

Doch es ist weder zu spät noch unrealistisch. Mario Draghi ist ein Beispiel dafür, wie man nach Prinzipien handelt und sowohl wirtschaftliche wie politische Ergebnisse erzielt. Der erfahrene Wirtschaftswissenschaftler und frühere EZB-Chef hat Italien als Premierminister – nur kurz im Amt – in Rekordzeit umgekrempelt: vom dysfunktionalen Schlusslicht Europas zu einem Modell für Reformen und Aufschwung. Er hat Italien erfolgreich aus der Pandemie geführt. Und dann aus dem eisernen Griff Putins befreit. Kein Land hat nach dem Ausbruch des Krieges so konsequent gehandelt wie Draghis Italien. Davor importierte Italien etwa 40 Prozent seines jährlichen Gasbedarfs aus Russland. Schnell schloss Draghi Abkommen mit

anderen Staaten, um die Energieabhängigkeit von Russland zu verringern. Italien stand in kürzester Zeit besser da als seine europäischen
Wettbewerber. Isoliert können solche Initiativen nichts Fundamen-
tales ändern. Mit gebündelter Kraft aber hätte Europa die Hebelwir-
kung gehabt, diese Abhängigkeit zu beenden.
Der russische Krieg hat vor allem eines gelehrt: Abwarten ist keine
gute Strategie. Ein Entkoppeln von russischer Energie und damit von
russischer Politik sei schlicht nicht möglich. Das war der Textbaustein
in Endlosschleife aller europäischen Experten seit Jahren. Die Schäden
dieser Politik für Deutschland, für Europa und für die Welt sind un-
ermesslich. Eine Studie des Brandenburgischen Instituts für Gesellschaft und Sicherheit mit dem Titel „Die Kosten des Zauderns" kommt
zu dem Schluss, dass der russische Angriffskrieg Deutschland rund
200 Milliarden Euro jährlich kostet – rund sechs Prozent der Wirt-
schaftsleistung. Die Kosten setzen sich demnach vor allem aus „dem
kriegsbedingten Verlust des Wirtschaftswachstums (100 Milliarden
Euro) sowie der Verringerung des realen Geldvermögens aufgrund
der zusätzlichen Inflation (70 Milliarden Euro)" zusammen. Hätte
man früher in die Unabhängigkeit von Russland investiert, wären die
Kosten deutlich geringer gewesen, so die Studienautoren. Sie verweisen auf eine gescheiterte „Appeasement-Politik" und fassen zusammen:
„An gemeinsamen Grundwerten und ethischen Prinzipien orientier-
te Politik gibt es nicht zum Nulltarif. Lethargie, Trägheit, Mutlosigkeit,
realitätsferne Selbsttäuschung und das gedankliche Festklammern
an Utopien verursachen nicht nur moralische, sondern auch finanzi-
elle Kosten. Ein angemessener Schutz durch Ausgaben für zivile,
innere, äußere und Cybersicherheit ist der Preis für die Nachhaltigkeit
des Wohlstands." Das Basel Institute of Commons and Economics
schätzt die Kosten für Nicht-Kriegsparteien, die durch den Krieg
entstehen, auf rund zwei Billionen Euro. Auf die EU entfallen davon
1,58 Billionen Euro – also der mit Abstand größte Teil, verursacht vor
allem durch höhere Energiekosten.
Ein geordnetes Entkoppeln von Russland hätte der EU und vor
allem Deutschland große Entbehrungen und kurze bis mittelfristige

gerechtigkeiten und Konflikte. Globalisierung kann also nur schritt-weise erfolgen, auf der Basis gemeinsamer Regeln, Normen und Werte.

Nicht jedes Land wird sofort Teil eines neuen Werte- und Interes-senbündnisses sein können oder wollen, aber Demokratien definieren die kritische Masse einer attraktiven und immer weitere Länder an-ziehenden Handelsordnung. Und zumindest diese – volkswirtschaft-lich immer noch klar dominierende – Gruppe der Nationen bleibt globalisiert. Im Idealfall als Magnet, der nicht weniger, sondern mehr internationale Zusammenarbeit bewirkt.

Manche werden sagen, ein solches Bündnis schränke die wirt-schaftliche Freiheit ein. Das ist irreführend und falsch. Die Wirt-schaftsgeschichte ist voll von Innovationen, die auf den ersten Blick als Einschränkungen erscheinen. Affirmative Action, der Kampf gegen Rassismus und die Gleichstellung der Geschlechter wurden als Ein-griffe in die wirtschaftliche Freiheit zunächst heftig bekämpft. Das galt auch anfangs, als Nachhaltigkeitsziele entwickelt wurden. Letzt-lich haben fortschrittliche Standards Innovation gefördert und Wert-schöpfung beschleunigt. Das gilt umso mehr für eine Handelspolitik, die auf den universellen Werten von Freiheit, Rechtsstaatlichkeit und Menschenrechten beruht. Es mag anfangs unbequem sein. Am schwersten ist der erste Schritt: den Mut zu entwickeln, ein Modell aufzugeben, das nicht mehr funktioniert.

Im Mai 2022, angesichts Russlands mörderischen Krieges in der Ukraine, sagte NATO-Generalsekretär Jens Stoltenberg: „Freiheit ist wichtiger als Freihandel." Dieser Satz trifft den Kern – obwohl Freiheit und Freihandel keine Alternativen, sondern vielmehr Bedingungen füreinander sind. Der Schlüssel liegt in der Neudefinition des Begriffs „Freihandel". Wir brauchen ein neues Bündnis, das wirklich freien Handel zwischen Demokratien garantiert.

Wer Freiheit gegen Profit eintauscht, wird am Ende beides verlieren.

ANTISEMITISMUS ALS NEUER WELT-ZEITGEIST?

Als Schüler wurde ich zum ersten Mal mit Antisemitismus konfrontiert – weil Klassenkameraden eine jüdische Freundin als Jüdin verspotteten. Ich sah zum ersten Mal Bilder aus Auschwitz – weil in der Fernsehserie „Holocaust" Massenmord und Leichenberge gezeigt wurden. Ich war zum ersten Mal in Israel und weinte in einem Gespräch mit deutschen Holocaust-Überlebenden – weil sie ihre KZ-Tätowierungen auf dem Unterarm trugen und dennoch mit Heimweh von ihrem Land, von Deutschland, sprachen. Und ich war dann zum ersten Mal in Auschwitz – weil ich besser verstehen wollte, wie Menschen anderen Menschen das Unmenschlichste antun können, und weil ich die Ruinen der Gaskammern sehen wollte, den Ort, der den Zivilisationsbruch symbolisiert.

Seitdem war ich mir sicher: Antisemitismus wird in Deutschland erfolgreich bekämpft werden, falls er seine hässliche Fratze jenseits kriminell fanatisierter, rechtsradikaler Minderheiten je wieder zeigt. Das Existenzrecht Israels ist in der demokratischen Welt nicht verhandelbar und niemand – außer den extremistischen Todfeinden Israels – wird es je verhandeln wollen. Und wenn es doch ganz schlimm kommt: Auf Amerika und seinen freiheitlichen Kompass an der Seite Israels ist immer Verlass.

Alle meine Annahmen erweisen sich als falsch. Seit dem 7. Oktober 2023 ist alles möglich.

Ich wollte es nicht für möglich halten, dass unmittelbar nach der Terrorattacke auf Israel, nach einem Pogrom, nach einem genozidalen Angriff – im Klartext: nachdem mehr als 1.000 Israelis, junge Frauen, alte Männer, Kinder, Säuglinge in Israel von palästinensischen Terroristen erschossen, erstochen, vergewaltigt, verbrannt, enthauptet und Aufnahmen dieser Gräueltaten mit triumphierenden Worten verbreitet wurden –, dass nach diesem ziemlich beispiellosen Massaker auf den Straßen Berlins Salafisten Süßigkeiten verteilen und diesen erfolgreichen antisemitischen Anschlag ungehindert feiern.

Ich wollte es nicht für möglich halten, dass die Reaktion auf die-
sen Krieg in Europa und den USA uneindeutig ausfällt, also nicht als
eindeutige Geste der Solidarität mit den Opfern. Selten ist der Anlass
eines Krieges klarer – die Verhinderung von drohendem Frieden in
der Region. Selten ist die Frage, wer angefangen hat, leichter zu
beantworten – Hamas und ihre Hintermänner. Selten ist offenkun-
diger, wer die Täter und wer die Opfer sind – Gaza als Angreifer und
Israel als Verteidiger.

Selten ist der Propaganda-Zynismus einer Kriegspartei leichter
zu entlarven als beim Verhalten der Hamas, die ihre eigene Bevöl-
kerung als menschliche Schutzschilde benutzt, die ihre Waffenlager
unter Krankenhäusern versteckt und die ihre Kinder missbraucht,
um Juden zu töten oder an strategischen Punkten von israelischen
Bomben getroffen zu werden – als Material für geeignete Bilder in
der Propaganda-Schlacht der sozialen Medien.

Ich wollte es nicht für möglich halten, dass sogenannte Quali-
tätsmedien wie CNN, New York Times, Reuters und AP Fotos von
„Journalisten" verwendet haben, die über die Mordpläne der Hamas
offenbar vorab informiert waren und „zufällig" am 7. Oktober an der
Grenze zu Israel genau an der richtigen Stelle standen, also nicht
Aufklärer, sondern Komplizen des Terrors waren.

Ich wollte es nicht für möglich halten, dass so viele Künstler und
Intellektuelle mit der rhetorischen Floskel „ja, aber" – „ja, es ist
furchtbar, was die Hamas getan hat, aber ..." – daran arbeiten, aus
Tätern Opfer und aus Opfern Täter zu machen.

Ich wollte es nicht für möglich halten, dass sich in den Monaten
nach Kriegsausbruch keine einzige relevante muslimische Nation
und keine einzige relevante muslimische Institution öffentlich und
klar und unzweideutig von der Terrorattacke distanziert und glaub-
würdig an die Seite der Opfer gestellt hat. Und dass dem Papst
bisher zum Thema nur ein flaues „Genug! Genug, Brüder, genug!"
eingefallen ist – und offenbar noch ein paar telefonische Belehrun-
gen des israelischen Präsidenten –, passt gut zu den windelweichen
Einlassungen der meisten christlichen Kirchenväter und -mütter.

Ich wollte es nicht für möglich halten, dass die meisten feminis-
tischen Organisationen und Aktivistinnen der Welt so offenkundig
mit zweierlei Maß messen und die Übergriffe in Corporate America
mit größerer Empörung geißeln als die systematischen, barbarischen,
todbringenden Vergewaltigungen israelischer Frauen und Mädchen
durch islamistische Terroristen, dass also Mitleid und Solidarität mit
den Opfern sexueller Gewalt offenbar doch eine Frage der Ideologie
ist.

Ich wollte es nicht für möglich halten, dass sich eine deutsche
Bundesregierung in der UN enthält, wenn es darum geht, über einen
erkennbar taktischen – weil Israels Selbstverteidigung lähmenden
– „Waffenstillstand" abzustimmen. Ich verstehe immer noch nicht,
wie man auf die Idee kommen kann, in dieser Frage „neutral" sein
zu wollen, obwohl man gleichzeitig das Existenzrecht Israels als
unverhandelbare Grundlage der deutschen Staatsräson bezeichnet.

Ich wollte es nicht für möglich halten, dass der UN-Generalsekre-
tär Antonio Guterres öffentlich erklärt, dass der Terror-Krieg der
Hamas nicht „im luftleeren Raum stattfand". Und der ehemalige
Ministerialdirektor der Abteilung für Außenpolitik des Kanzleramtes
von Angela Merkel und seit Kurzem Leiter der Münchner Sicherheits-
konferenz Christoph Heusgen sich dem öffentlich anschließt. Was
im Klartext heißt: Die Juden müssen sich nicht wundern, wenn sie
abgeschlachtet werden. Oder noch klarer: Sie sind selbst daran schuld.

Ich wollte es nicht für möglich halten, dass sich Emmanuel Ma-
cron erst windet und dann weigert, an einer parteiübergreifenden
Demonstration gegen Antisemitismus teilzunehmen, weil er Gegen-
wind seiner islamistischen Minderheiten in den Pariser Vorstädten
fürchtet – also genau das, was Michel Houellebecq in seinem epo-
chalen Roman prophetisch die „Unterwerfung" genannt hat.

Ich wollte es nicht für möglich halten, dass eine repräsentative
Umfrage im Auftrag der Harvard University zu dem Ergebnis ge-
kommen ist, dass 51 Prozent der Amerikaner zwischen 18 und 24
Jahren die Attacken der Hamas für „gerechtfertigt" halten. Wohl-
gemerkt drücken die Befragten hier nicht Verständnis oder Mitleid

für die Palästinenser aus, sondern Verständnis für den rassistischen Massenmord der Hamas-Terroristen an Juden.

Ich wollte es nicht für möglich halten, dass der Krieg im Internet ausgetragen und so klar entschieden wird. Genauer: in den sozialen Medien und Medien, die zum Teil Instrumente und Eigentum totalitärer Staaten sind. Das gilt nicht nur für den von Katar finanzierten Sender Al Jazeera, der mittlerweile 430 Millionen Haushalte erreicht.

Auf der chinesischen Plattform TikTok, die mehr als eine Milliarde Nutzer hat und vor allem bei Jugendlichen die wichtigste Quelle für Information und Unterhaltung ist, gab es bis zum Jahreswechsel 2023/24 mehr als vier Millionen Posts unter dem Hashtag #FreePalestine und nur etwas mehr als 50.000 Posts mit dem Hashtag #standwithIsrael. Bei Facebook waren es 13 Millionen Posts für #FreePalestine und nur 378.000 Posts unter dem Hashtag #standwithIsrael. Bei Instagram waren es sieben Millionen Posts für #FreePalestine und 267.000 für #standwithIsrael. Digital war der Krieg schnell entschieden. Die Propaganda-Übermacht der Hamas und ihrer Förderer ist uneinholbar.

Ich wollte es nicht für möglich halten, dass Antisemitismus seit dem Jahr 2023 ein globaler Exportschlager, eine Art Welt-Zeitgeist geworden ist.

Am allerwenigsten aber hätte ich es für möglich gehalten, dass einige der renommiertesten und einflussreichsten Elite-Universitäten der Welt vor dem Kulturkampf einer im Namen der „Woke"-Bewegung immer unverhohlener antisemitisch auftretenden Studentenschaft kapituliert haben, dass ausgerechnet Amerikas Intellektuelle den österreichisch-deutsch-islamistischen Antisemitismus global gesellschaftsfähig machen.

Der traurige Höhepunkt dieser Entwicklung war die Anhörung im amerikanischen Kongress, bei der die Präsidentinnen von drei der wichtigsten amerikanischen Universitäten – der Harvard University, der University of Pennsylvania und dem MIT in Boston – befragt wurden. Vor dem Hintergrund zahlreicher antisemitischer Ausschreitungen in den betroffenen Universitäten wurden sie mit einer sehr einfachen Ja–Nein–Frage konfrontiert: „Verstößt der Aufruf zum Völkermord an den Juden gegen den Code of Conduct [Ihrer Universität] und die Richtlinien für Mobbing und Belästigung?"

Die Antworten darauf fielen allesamt und wiederholt ausweichend und skandalös herzenskalt und – man muss es klar benennen – antisemitisch aus. Es komme auf den „Kontext" an, schwadronierten die Befragten wiederholt, oder meinten eisig lächelnd: Nur wenn diese Aufrufe zum Völkermord auch wirklich zu Handlungen führten, seien die Regeln der Universität verletzt. Das wiederum heißt: Der Aufruf zum Völkermord ist okay. Nur der vollzogene Völkermord ist in Harvard oder am MIT verboten.

Das dreieinhalbminütige Video der Anhörung im Kongress ist ein historisches Dokument der Schande. Dass es keinen globalen Aufschrei, keine parteiübergreifende Welle der politischen Empörung ausgelöst hat, dass die Harvard–Präsidentin erst nach Plagiatsvorwürfen, nicht aber nach ihrer Genozid–Verharmlosung zurücktreten musste, kann nur so gedeutet werden, dass wir Wichtigeres zu tun haben, als uns mit der Relativierung oder gar der Unterstützung von Aufrufen zum Völkermord an den Juden an den einflussreichsten Universitäten der Welt zu beschäftigen.

Der Kulturkampf ist zum Kulturkrieg geworden. Die Unterwanderung und Abschaffung von Demokratie und offener Gesellschaft ist auch und gerade in akademischen Milieus in vollem Gange. Haben wir wirklich gar nichts aus der Geschichte gelernt?

ENDSTATION DER ZIVILISATION – DIE GASKAMMER IN MAJDANEK

mmer den Bahngleisen nach, so finden Sie Konzentrationslager meistens am besten", sagt der Ortskundige mit einem bitteren Lächeln, als ich ihn nach dem Weg zum Lager Sobibor frage. Sobibor, neben Belzec und Treblinka eines der drei zur sofortigen Ermordung von Juden bestimmten Todeslager der Nazis, ist schwer zu finden. Zwei Waldwege führen dorthin. Nur einer von beiden ist mit einem 20 Zentimeter großen Schild „Muzeum Sobibor" ausgewiesen. Der andere führt parallel zu den Gleisen, auf denen die Todeszüge fuhren, immer tiefer hinein in den Wald. In den hintersten Winkel Ostpolens, ins Jiddischland, in die Landschaft der ehemaligen Schtetl, dorthin, wo ostjüdische Kultur blühte wie nirgends sonst. Damals im 18. und vor allem 19. Jahrhundert, als in Lublin die größte Rabbinerschule der Welt florierte, der Landstrich, in dem die meisten der mehr als drei Millionen polnischen Juden so lange in Frieden lebten. Dort hinten, ganz kurz vor der Grenze am Dreiländereck zwischen Polen, Weißrussland und der Ukraine, im schwarzgrünen Tannenwald liegt: Sobibor. Über 200.000 Juden wurden dort – versteckt hinter Bäumen und umgeben von einem Minenfeld – in wenigen Monaten von 1942 bis 1943 aus Zügen mit jeweils bis zu 60 Frachtwaggons direkt in die Gaskammern getrieben und vernichtet wie Ungeziefer. Sobibor ist schwer zu finden. Einer der Hauptorte des industriellen Völkermordes wurde und wird versteckt – bis heute.

2017 habe ich mich auf eine Reise in die deutsche Vergangenheit gemacht. In zwei Tagen wollte ich die Mordfabriken Sobibor, Belzec und Majdanek besuchen. Heute werden Juden immer noch diskriminiert und bedroht, von vielen. Der Antisemitismus, dessen extremste und dunkelste und brutalste Seite ich auf dieser Reise sehen würde, lebt bis heute. Gleichzeitig lässt bei vielen die Erinnerung an die Schoah nach. Die Sensibilität geht verloren. Deshalb muss man diese Reise machen, deshalb sollte eigentlich jeder Deutsche diese Reise machen.

Zu sehen ist in Sobibor nicht mehr viel. Aber zu spüren. An den Bahngleisen steht auf der einen Seite eine Bahnhofshütte aus verwittertem Holz. Davor, als sei nichts gewesen, das Schild „SOBIBOR". Auf der anderen Seite eine große Betonrampe, sehr lang, damit möglichst viele Waggons gleichzeitig entladen werden konnten. Idealerweise waren es 20. Anders als in Auschwitz wurde zwischen den deportierten Opfern bei der Ankunft kein Unterschied gemacht. Eine Selektion an der Rampe gab es nicht. Ausnahmslos alle, die gegen ihren Willen hier ankamen, wurden direkt in die Gaskammern getrieben. Benutzt wurde nicht Zyklon B. Die Kammern wurden mit den Abgasen von Motoren befüllt.

Am Ende der Rampe steht heute noch der alte Prellbock aus Holz, die Enden hochgebogen wie Teufelshörner. Der kleine Bahnhof ist heute eine Durchgangsstation. Aber der Prellbock signalisiert: Endstation. Der sichere Tod für die Gefangenen der „Endlösung". Hier sollte keiner mehr lebend rauskommen. Von den über 200.000 in Sobibor ermordeten Juden stammten die meisten aus Polen. Circa 33.000 aus den Niederlanden. Ein paar Tausend aus anderen Ländern.

Am 12. Februar 1943 reiste Heinrich Himmler mit SS-Gefolge an, um sich vor Ort von den Fortschritten effizienter Judenvernichtung zu überzeugen. Weil in diesen Tagen keine Deportationszüge kamen, hatte man vorab jüdische Frauen und Mädchen mit Lkws aus Lublin herbeigeschafft. Sie mussten nach Augenzeugenberichten zwei bis drei Tage warten, ehe man sie vor dem SS-Chef mit Abgasen ermordete, um Fleiß und Effizienz zu demonstrieren.

Rund ein Jahr arbeitete die Vernichtungsmaschine ohne einen einzigen Überlebenden. Nur am Ende, am 14. Oktober 1943, gerieten die Verhältnisse außer Kontrolle. Die Ostfront rückte näher. 600 Gefangene überwältigten und töteten zwölf SS-Wächter. 350 flohen in die umliegenden Wälder. Die meisten dieser Helden wurden von Suchhunden gefunden und sofort erschossen. Soweit man weiß, überlebten nur 47 Menschen Sobibor, die allermeisten davon waren beim Aufstand davongekommen. 47 zu über 200.000. Und doch sind diese 47 Überlebenden und der gesamte Aufstand das einzig Tröstliche an diesem trostlosen Ort. Ein Triumph der Opfer über die Täter. Eine Geste des Sieges über die Mörder ihrer Familien. Die Deutschen und ihre Helfer töteten die übrigen Gefangenen. Dann lösten sie die Mordfabrik auf und beseitigten die meisten Spuren.

Nur die Rampe und die Gleise blieben. Und gegenüber drei Holzhäuser im vertrauten Stil der Schtetl. Wie Potemkin'sche Dörfer für die Ankommenden. Heute spielen Kinder im Garten. Die Nazis achteten damals darauf, dass nicht zu früh Panik ausbrach. Die Opfer sollten glauben, sie seien nur in einer neuen Heimat angekommen. Selbst die Gaskammern wurden als Duschen beschildert und getarnt. Erst als Abgase statt Wasser einströmten, herrschte unter den Opfern tödliche Gewissheit.

Wenn man tiefer hineinläuft in den Wald, auf das Gelände der ehemaligen Gaskammern und Massengräber, ist außer besonders fruchtbarem und dichtem Tannen- und Kiefernwald fast nichts zu sehen. Anfang 2017 hat ein Künstler ein Mahnmal angelegt. Ein weites und weißes Feld aus Steinen. Aus der Ferne sieht es aus wie ein Horizont aus weißer Asche. Holókaustos, vollständig verbrannt. Schlicht, traurig und doch irgendwie unbeholfen, wie alle Kunstanstrengungen, die das Unfassbare in Bilder und Metaphern fassen wollen. Vor dem Aschefeld ist noch ein enger Parcours aus jungen Tannen angelegt worden, unter jedem Baum ein Stein mit einem Namen. Zum Beispiel der des ehemaligen Vorsitzenden der jüdischen Gemeinde aus dem Nachbardorf. Viele holländische Namen. Ganze

Familien aus Kassel und Erlangen. Auf einem kleinen Stein in der Reihe steht: „for the unknown". Das sind die meisten.

Sobibor ist besonders beklemmend und erschütternd, weil die übliche Gedenkinszenierung fehlt. Kein Tourismus, keine Busse wie in Auschwitz. Es ist der hinterste, versteckteste Winkel des heutigen Polens. Niemand sollte was sehen. Niemand wollte was sehen. Und kaum jemand will heute was sehen. In Sobibor wird deutlich: Es ging um Vernichtung ohne Spuren. Um die Vernichtung von Lebensläufen, Lebensrechten, Lebensspuren. Zum Schluss haben die Mörder die Überbleibsel ihrer Arbeit, ihre sorgfältig geplanten und immer wieder verbesserten Mordanlagen, beseitigt. Selbst die Erinnerung an ihre Verbrechen wollten sie vernichten. War da was? Geblieben ist ein finsterer Wald als Mahnmal der namenlosen Opfer.

Eine Stunde entfernt, immer entlang der Bahngleise, liegt Belzec. Das erste Lager der „Aktion Reinhardt", die kein anderes Ziel hatte, als möglichst viele Menschen zu ermorden, zu vernichten. Schon 1942 ging hier eine Gaskammer in Betrieb, zuvor hatte man das industrielle Morden mit Gaswagen geübt und getestet. Das Lager liegt direkt an einer Straße. Eine moderne Gedenkarchitektur aus Beton mit kleinem Museum, auch hier Geröllfeld, allerdings aus Lavasteinen mit verrosteten Stahlträgern, finanziert vom American Jewish Committee und einigen jüdischen Sponsoren. Warum beteiligen sich eigentlich so wenige nicht jüdische Spender am Holocaust-Gedenken? Ist es etwa Aufgabe der Juden, an die Taten ihrer Mörder zu erinnern?

Historische Spuren gibt es nicht. Nur ein paar alte Bahngleise. Gegenüber raucht es heute aus dem Schornstein einer Firma. Strukturschwache Industrien nehmen auf Pietät keine Rücksicht. Das Lagergelände selbst ist überraschend klein. Ein alter Plan zeigt, warum man wenig Platz brauchte. Neben den Gaskammern bestand der Großteil der Fläche aus Massengräbern. Baracken, Betten und Aufsichtspersonal wurden kaum benötigt. Nur ein paar kleine Bauten für die (später ermordeten) jüdischen Arbeitskommandos, die die Leichen räumen mussten, für die rund 150 Mann ukrainischer und baltischer Hilfstruppen und die meist nur rund 20 SS-Mörder. Sonst blieb hier niemand über Nacht. Alle, die ankamen, wurden sofort ermordet. Weshalb der Begriff Lager eigentlich falsch ist. Hier lagerte niemand. Hier wurde sofort gemordet.

Belzec ist der Vorzeigeort nationalsozialistischer Vernichtungseffizienz. Am 1. November 1941 wurde mit dem Bau begonnen. Anfang des Jahres 1942 – ganz kurz nach der Wannseekonferenz – wurden die ersten Experimente in den modernen Gaskammern „durchgeführt". Am 17. März traf der erste Zug mit Gefangenen, vor allem älteren Menschen, Frauen und Kindern, ein, der Akkordbetrieb begann. Zunächst konnten 15 Güterwaggons gleichzeitig „bearbeitet" werden, nach einer Erweiterung der Gaskammern waren es 40. Im Dezember 1942 wurde die Arbeit eingestellt. Die Gründe dafür sind unklar. Sicher ist, dass die Massengräber überfüllt waren. Die SS meldete 434.508 Tötungen. Holocaust-Forscher gehen davon aus, dass es mehr als 500.000 Mordopfer in knapp zehn Monaten gewesen sein könnten. Unter Aufsicht von SS-Leuten arbeiteten dann in Belzec Hunderte Häftlinge des „Sonderkommandos 1005", um die Massengräber auszuheben und die Leichen auf großen Scheiterhaufen zu verbrennen. Auch in Belzec legte man Wert darauf, die Spuren zu beseitigen. Ein knappes Jahr exzessiver industrieller Massenmorde – es musste schnell gehen und man sollte nichts merken.

Von Belzec aus fahre ich nach Zamosc. Eine kleine, zauberhafte, von einem italienischen Architekten errichtete Barockstadt. Die Deutschen planten, sie in Himmlerstadt umzubenennen. Es sollte eine Anerkennungsgeste Hitlers für die treuen Dienste des Reichsführers SS sein.

Ich sitze in einem Café auf dem Marktplatz von Zamosc. 44 Kilometer von Belzec blickt man anders auf das Jahr 1945. Hitler hat den Krieg gewonnen. Nicht den Krieg gegen Polen, gegen Frankreich, England und Russland, sondern den gegen die Juden von Lublin, von Belzec, Warschau, Zamosc und vielen, vielen anderen Orten. Seinen Krieg.

Als Hitler am 20. Dezember 1941 in der Wolfsschanze Besuch von Fritz Todt, Reichsminister für Bewaffnung und Munition, bekam, erklärte Todt, dass keinerlei Verbesserung der katastrophalen Versorgungs- und Waffenlage an der Ostfront zu erkennen und zu erreichen sei. Die Atmosphäre soll eisig und feindlich gewesen sein. Denn auch wenn er es nie zugab, erkannte Hitler schon in diesem Moment, dass der Krieg militärisch verloren war. (Todt kam übrigens bei einem Flugzeugabsturz in der Nähe der Wolfsschanze um. Die Ursachen sind bis heute umstritten. Albert Speer wurde sein Nachfolger.) Und in genau dieser ausweglosen Lage gab Hitler nicht auf, sondern begann einen neuen Krieg. Er ließ am 20. Januar 1942 am Wannsee die systematische Ermordung des von ihm in krankem Neid gehassten jüdischen Volkes besprechen. Reinhard Heydrich trank nach Jahren der Abstinenz mal wieder einen Cognac. Die Nazis schwärmten von der „Endlösung".

Dann – und nicht in den Arbeits- und Straflagern der Jahre 1933 bis 1940 – begann die industriell organisierte Vernichtung, die Deportation und Vergasung von Millionen von Juden in den drei Mordfabriken Sobibor, Belzec und Treblinka. Fast bis zum Kriegsende lief die Todesmaschinerie in Auschwitz; es galt selbst im hoffnungslosen Weltenbrand, die eigentliche Aufgabe, die wirkliche Mission zu erfüllen. Die Ermordung, die möglichst spurlose Vernichtung des jüdischen Volkes. Die Existenz des Judentums ungeschehen zu machen. Spurlos. Endgültig. Ganz ist das nicht gelungen. Israel sei Dank. Aber weitgehend. In Lublin und Lemberg sind die Relikte des jüdischen Lebens getilgt. Ein paar Holzhäuser noch. Wenige Synagogen, am besten mit neutralen Fassaden. Das, was war, ist nicht mehr.

Die meisten Spuren des schrecklichsten Vernichtungsrausches gibt es noch im Konzentrationslager Majdanek. Direkt am Stadtrand von Lublin gelegen, wurde es im Oktober 1941 zunächst als Arbeitslager für die aus Lublin deportierten Juden eingerichtet. Es bestand bis Juli 1944 und wurde im Laufe der Zeit teilweise zum Vernichtungslager umfunktioniert.

Untrennbar verbunden ist das KZ Lublin (Majdanek wurde es erst später genannt) mit der „Aktion Erntefest" am 3. November 1943. Häftlinge wurden gezwungen, große zickzackförmige Gräben auszuheben. Angeblich zur Verteidigung des Lagers gegenüber den sich nähernden sowjetischen Truppen. Als die Gräben fertig waren, mussten sich die zusammengetriebenen Opfer ausziehen und in die Gräben stellen, wo sie nach und nach erschossen wurden. Im Rahmen der „Aktion Erntefest" wurden mehr als 9.000 Juden aus Lublin und einem Zwangsarbeiterlager nach Majdanek verschleppt und zusammen mit 8.000 dort inhaftierten jüdischen Zwangsarbeitern ermordet. Das Lager Majdanek liegt auf einer Anhöhe mit Blick auf den Stadtrand Lublins. Ein gigantischer Steinquader markiert den Eingang als monumentales Mahnmal aus Sowjetzeiten. Von dort aus läuft man auf einem langen, geraden Weg an den endlosen doppelreihigen Stacheldrahtzäunen entlang, die den Kernbereich des Lagers umgaben. Damals standen sie unter Starkstrom. Ähnlich wie in Auschwitz sind hier noch die Elemente eines Lagers sichtbar. In geringem Abstand stehen hölzerne Wachtürme. Zum Teil wieder aufgebaute Holzbaracken, einfach wie Viehställe. In den Planken sitzt der beißende Geruch eines Holzschutzmittels. Am Ende des Weges steht das Krematorium, von Weitem zu erkennen an dem hoch aufragenden Schornstein. Die Verbrennungsöfen sind bestens erhalten. Auf der anderen Seite des Maschendrahtzaunes laufe ich zurück zum Eingang, einige der Baracken werden als Ausstellungsräume genutzt. Zahlen, Fotos von Opfern und Tätern. Zeitzeugenberichte.

Dann, kurz vor dem Ausgang, eine etwas anders aussehende Baracke. Ein Gebäudeteil ist aus Ziegeln gemauert. „Bad und Desinfektion II" steht in weißer Schrift auf einer Schiefertafel. Ich bin angekommen in der wahrscheinlich einzigen noch erhaltenen Gaskammer, in der während des Holocaust Abertausende Juden ermordet wurden.

Es ist ein widersprüchliches Gefühl. Ich wollte diesen Ort unbedingt sehen, ich bin deshalb hierhergefahren, und doch zögere ich, einzutreten. Schleiche mehrmals um das Haus. Dann bin ich plötzlich im Vorraum. Hier mussten die Gefangenen sich ausziehen. Im nächsten Raum sind an langen Zinkrohren Duschköpfe an der Decke montiert. Ängstlich blicken selbst heute die Besucher nach oben. Doch aus diesen Brausen strömte kein Gas, sondern wirklich Wasser. Erst der nächste Abschnitt ist dann tatsächlich die Gaskammer. Ein enger

Raum wie ein Schuhkarton. Die Banalität des Bösen aus Beton. An der Vorder- und Rückseite je eine dicke, rotgerostete Eisentür, eine Aufschrift deutet auf den Hersteller hin, die Auert Werke in Berlin. Grauer Zement. An den Wänden blaue Ablagerungen, wohl von der Chemie des Gases. Der ganze Raum schillert blau, grau, braun. Ein Dreckloch. In den Türen verglaste Öffnungen, Gaskammer-Spione, damit die Wächter den schreienden und zuckenden Opfern beim qualvollen Sterben zugucken konnten. Ich bin am Tiefpunkt menschlicher Zivilisation angekommen. Mehr Menschenverachtung, Hass und Grausamkeit sind nicht denkbar. Tiefer kann der Mensch nicht fallen. Trostloser kann der Blick auf das, was Menschen getan haben, nicht mehr werden. Diese Gaskammer ist das quintessenzielle Mahnmal. Es ist leise hier. Ich höre den Sommerwind draußen in die Blätter der Bäume fahren. Und ich stelle mir vor, wie die Schreie der Sterbenden ins Lager drangen und immer mehr Menschen in Angst, in Todesangst versetzen. Und während ich im Türrahmen der Gaskammer stehe, höre ich auf zu denken und spüre nur noch ein einziges übermächtiges Gefühl: Übelkeit. Diese Endstation der Zivilisation ist vor allem eines: zum Kotzen.

Nur drei Schritte nach links und ich bin im Freien. Blauer Himmel, Sommer, Sonne. Etwa 100 Meter weiter die ersten Fassaden von Plattenbauten. An einer Eingangstür lehnt ein Fahrrad.

Von den 121 wichtigsten SS-Männern der „Aktion Reinhardt", mit der unter Himmlers Oberleitung Ostpolen „judenrein" gemacht werden und mit „Reichsdeutschen" besiedelt werden sollte, überlebten sehr viele entweder gänzlich unbehelligt oder kaum bestraft.

Etwa Heinrich Rindfleisch, SS-Arzt und Selektionierer vor der Gaskammer in Majdanek: Er starb 1969 als Leiter der Chirurgie in Rheinhausen als angesehener Bürger des Ruhrgebiets.

Oder Franz Stangl, erster Kommandant in Sobibor, der später in Treblinka arbeitete, trotz allem 1948 ausreisen konnte, bis 1951 in Damaskus lebte und dann bis 1967 ein zufriedenes Leben in Brasilien führte. Erst Simon Wiesenthal bewirkte seine Verhaftung. 1970 wurde Stangl zu lebenslänglich verurteilt wegen gemeinschaftlichen

Mordes an mindestens 400.000 Menschen. Er legte Revision ein, starb aber 1971 in einem deutschen Gefängnis an Herzversagen.

Sein Stellvertreter aus Sobibor, Gustav Wagner, wurde ebenfalls in Brasilien aufgespürt; er nahm sich vor der Auslieferung 1980 das Leben.

Mit sich im Reinen war Kurt Franz, Lagerkommandant von Treblinka und als solcher Nachfolger von Franz Stangl, 1965 immerhin zu lebenslänglich verurteilt, aber nach mehreren Jahren Freigänger, 1993 ganz entlassen. Franz führte eine Art Tagebuch, genannt „Lageralbum", es trägt auf einer Seite den Titel „Schöne Zeiten". Er starb 1998 in Wuppertal.

Ernst Lerch, als Adjutant Odilo Globocniks einer der wichtigsten Köpfe der Logistik des Holocaust, verbrachte zwei Jahre Haft in Wiesbaden. Der Prozess gegen ihn wegen Mordes von 1,8 Millionen Juden in Ostpolen wurde 1971 nach zwei Tagen eingestellt. Lerch betrieb ein erfolgreiches Café in Klagenfurt und starb 1997 angesehen und hochbetagt.

Der eigentliche Erfinder der industriell betriebenen, fest installierten Gaskammer, Lorenz Hackenholt, war nach Kriegsende verschollen, soll aber nach Aussagen einiger seiner Gefährten Ende Mai 1945 noch in Österreich gesehen worden sein. Für seine Erfindung, mit der am Ende gut drei Millionen Menschen umgebracht wurden (er selbst war so engagiert, dass er vor Ort auch Kinder und Babys erschoss und mithalf, mit einem Bagger die Leichen in Belzec und Sobibor 1943 auszugraben und zu verbrennen), ehrten ihn seine Kameraden mit der Aufschrift „Stiftung Hackenholt" am Prototyp der Gaskammer von Belzec. Daneben prangte ein Judenstern.

Von Georg Michalsen, der eigentlich Michalczyk hieß und neben vielen anderen Gräueln die Bewohner des Warschauer Ghettos in die Gaskammern Treblinkas deportierte (immerhin zwölf Jahre Gefängnis ab 1974, aber unklar, ob er die Strafe überhaupt absitzen musste), ist folgender Satz überliefert: „Bei der ganzen Sache mit den Juden hat man sich gar nichts dabei gedacht."

WAS „TOLERANTISMUS" UND DEUTSCHE SCHÄFERHUNDE GEMEINSAM HABEN

Einige der wichtigsten Errungenschaften und Ziele der freiheitlichen und offenen Gesellschaft finden in der sogenannten „Woke"-Bewegung ihren zugespitzten Ausdruck: Seit dem Ende der Sklaverei wachsen die Bestrebungen, Rassismus zu überwinden. Mit der Französischen Revolution und mit der Erfindung des Begriffs „Feminismus" durch Alexandre Dumas beginnt eine Frauenbewegung, die die Gleichberechtigung der Geschlechter zum Ziel hat. Seit der Sexualforscher Magnus Hirschfeld zu Beginn des letzten Jahrhunderts vom „dritten Geschlecht" spricht und spätestens seit dem ersten Christopher Street Day am 28. Juni 1969 in New York wächst die Sensibilität für fluide Geschlechteridentitäten und die Wachsamkeit gegenüber Homophobie. Und seit dem Ende des Kolonialismus beginnt langsam eine kritische Auseinandersetzung mit Kolonialverbrechen. All diese Entwicklungen stehen für Fortschritt und Zivilisation und markieren Grundpfeiler, ohne die eine freie Gesellschaft nicht denkbar ist. Kurz: „Woke" fasst die wesentlichen humanitären Ziele einer modernen, aufgeklärten, toleranten Lebensform zusammen.

Ich jedenfalls kann mich mit fast allen großen und grundsätzlichen Zielen dieser Bewegung leidenschaftlich identifizieren – lehne allerdings fast alle vorgeschlagenen Lösungen und Methoden der „Woke"-Bewegung ebenso leidenschaftlich ab. Mehr noch: Ich halte vieles davon für gefährlich.

„Woke" ist zum Schlachtruf einer Freiheits- und Toleranzinitiative geworden, die im Namen einer guten Sache allzu häufig genau das Gegenteil dessen bewirkt, was sie vorgibt zu wollen. Statt Freiheit und Toleranz zu fördern, fördert sie oft Unfreiheit und Intoleranz. Statt Inklusion bewirkt sie immer häufiger Exklusion. Die „Woke"-Bewegung ist zu einem Machtkampf verkommen – eine Revolution, die ihre Kinder frisst und sich mehr und mehr als echte Bedrohung der liberalen Gesellschaft erweist. Dass „woke" eigentlich für gute Absichten steht, ändert daran gar nichts. Viele schreckliche Dinge sind in der Menschheitsgeschichte im Namen guter Absichten entstanden. Eine Freiheitsbewegung, die unfreiheitlich agiert, ist unglaubwürdig. Es ist höchste Zeit, wirklich „wach" zu werden.

Der Begriff „woke" bedeutet so viel wie „erwacht", „wachsam" beziehungsweise „aufmerksam". Er entstand Mitte des 20. Jahrhunderts in Amerika. Die aus „woken" entstandene Wortschöpfung war ein Ausdruck des Bewusstseins für soziale und rassistische Unterdrückung. Eine Renaissance und neue Radikalität erlebte „woke" im Zuge der Black-Lives-Matter-Bewegung, nach dem Tod von Michael Brown (2014) oder George Floyd (2020).

Seit einigen Jahren droht die Bewegung zu kippen: Selbst der frühere US-Präsident Barack Obama warnte die Amerikaner 2019, sie sollten nicht zu „woke" sein. Es sei kein Aktivismus, „wenn ich etwas darüber poste, dass jemand anderes etwas falsch gemacht oder das falsche Verb benutzt hat".

Auf einer großen Konferenz, an der ich im Jahr 2022 teilnahm, fragte zu Beginn der Diskussion auf der Bühne eine Moderatorin in die Runde der Wirtschaftsführer: Wer von Ihnen sagt in seinem Arbeitsalltag mehrmals Dinge, nicht weil Sie glauben, dass sie richtig sind, sondern weil Sie glauben, sie sagen zu müssen? Im Auditorium blieb fast keine Hand unten. Solange es sich dabei um alltägliche Floskeln oder Höflichkeitsnotlügen handelt, ist das harmlos. Problematisch aber wird es, wenn sich gesprochene Sprache und behauptete Überzeugung immer weiter und fundamentaler vom wirklichen und wahrhaftigen Denken entfernen. Es entsteht eine Sprache der Unwahrhaftigkeit, die den Humus für unwahrhaftiges Handeln bildet. Ich sage nicht mehr, was ich denke, also tue ich auch nicht mehr, was ich für richtig halte. Starre Sprachregelungen, Tabus, das Schüren von Angst sind normalerweise verlässliche Ingredienzen autoritärer Regime. Für die gute Sache der „Woke"-Bewegung gelten offenbar andere Maßstäbe. „Cancel Culture" heißt das im Kulturkampf der Identitätspolitik.

Im Namen der Wachsamkeit gegenüber diskriminierender oder ausgrenzender Sprache, im Zeichen der kritischen Auseinandersetzung mit Rassismus und Kolonialverbrechen geschehen immer absurdere Dinge. Einige Fälle und Forderungen haben symbolischen Rang – und werden zu Ikonen der Verlogenheit und Absurdität.

- Die Forderung, dass das Gedicht von Amanda Gorman, die die Welt mit ihrem Auftritt bei der Amtseinführung von Joe Biden begeisterte, nicht von einer Weißen übersetzt werden darf.

- Die Forderung, Statuen von Winston Churchill zu demontieren, weil von ihm rassistische Äußerungen überliefert sind (obwohl er Europa vor den Nazis gerettet und so auch den Holocaust beendet hat).

- Die Forderung, in den Schulen Werke von William Shakespeare vom Lehrplan zu nehmen, weil in ihnen die Sichtweise weißer, cisgender, heterosexueller Männer im Mittelpunkt stehe.

- Die Forderung und die Entscheidung, dass in immer mehr Hollywoodfilmen oder Plattform-Produktionen Schwule nur noch von Schwulen gespielt, Lateinamerikaner nur noch von Lateinamerikanern und Transsexuelle nur noch von Transsexuellen dargestellt werden dürfen. Tom Hanks sagt inzwischen, er würde heute keinen Schwulen mehr spielen (wie er es vor 30 Jahren in „Philadelphia" getan und dafür einen Oscar erhalten hat).

- Die Forderung und die Entscheidung, dass der Account der Journalistin Meghan Murphy von Twitter verbannt werden musste, weil sie in einem Tweet schrieb: „Männer sind keine Frauen" (was als Hatespeech eingestuft und also zensiert wurde).

Die Beispiele folgen immer dem gleichen Muster: Um Bewusstsein für mögliche Diskriminierung, Exklusion oder Intoleranz zu schärfen, wird mit den Mitteln der Diskriminierung, Exklusion oder Intoleranz agiert. Es erinnert an das mittelalterliche Ritual der Teufelsaustreibung oder Hexenverbrennung. Und hat damit häufig nicht nur etwas Unmenschliches, sondern auch etwas Naives. So als könnte man etwas ungeschehen machen, indem man es löscht oder verbietet.

Außerdem sind Sprachverbote oder die zwanghafte Durchsetzung neuer Sprachgebote historisch ein zuverlässiges Mittel autoritärer oder totalitärer Systeme. Die Nazis und der Stalinismus verordneten Neusprech. Die Reformation im 16. Jahrhundert exekutierte den „Bildersturm" und zerstörte in ihrem Wahn Kulturgüter und Sinnbilder des Christentums. Im Kontext der Kreativität ist die Methode von Sprachtabus und Cancelling obendrein zutiefst anti-künstlerisch. Denn dem künstlerischen Ausdruck wird hier eine Eindeutigkeit unterstellt, die große Kunst nie haben kann. Kunst ist immer ambivalent, oft ironisch oszillierend und in vielen Aspekten nur im Kontext ihrer Entstehungszeit zu verstehen. Am traurigsten an dem Vorgehen ist aber, dass es das vermeidet oder unterbindet, was kritische Auseinandersetzung erst eigentlich ermöglicht: Debatte. Konstruktiver Streit über den richtigen Weg und die kritische Einordnung von Fehlern der Vergangenheit – das würde „Woke"-Bewusstsein im eigentlichen, im guten Sinne fördern.

Am 7. Juni 2020 trat der Meinungschef der *New York Times*, James Bennet, auf massiven internen und externen Druck hin zurück. Er hatte die Spalten des Gastkommentars – die auch schon Terroristen-führern aus Afghanistan, dem Taliban-Vize Sirajuddin Haqqani und Wladimir Putin offenstanden – dem Republikaner Tom Cotton geöffnet, der darin den Einsatz von Soldaten gegen gewalttätige Black-Lives-Matter-Demonstrationen verteidigt hatte. Die Empörung über den Inhalt und den Autor des Kommentars wurde in Teilen der Redaktion und in weiten Teilen der Leserschaft so heftig, dass sich die Verlagsgeschäftsführung gezwungen sah, zu handeln. Inhaltlich ist der Fall einigermaßen eindeutig: Die Idee des Gastkommentars ist es ja, unkonventionelle Meinungen von außen zu Wort kommen zu lassen, dabei die Grenzen des Sagbaren auszuloten. Auch deshalb kommen in solchen Texten regelmäßig Positionen zu Wort, die als redaktioneller Kommentar niemals erscheinen würden. Bei der Entscheidung aber ging es am Ende auch um rein Ökonomisches. Für die *New York Times* war der Fall zu einer ernsthaften Belastung des Geschäftsmodells geworden. Zu viele der Millionen Abonnenten wollten eine solche abweichende Meinung in „ihrer" *New York Times* nicht lesen und drohten mit Boykott und Abo-Kündigung. Vor allem deshalb hat der Verlag gehandelt. Die Leser hatten die Redaktion als Geisel genommen.

Seit einiger Zeit werden auch die Vorgaben in Hollywood immer enger: Wenn Produktionen den Oscar für den besten Film erhalten wollen, müssen sie seit 2022 – mit einer Übergangsphase – nachweisen, dass sie genügend Diversität in der Produktion haben. So ist unter anderem in der neuen Verordnung der Oscar Academy festgelegt, dass einige Hauptdarsteller oder wichtige Nebendarsteller einer ethnischen oder sexuellen Minderheit angehören müssen. Die Akademie, die den Preis vergibt, beschloss außerdem: Sind die Hauptdarsteller weiß und heterosexuell, müssen mindestens 30 Prozent der Darsteller von Nebenrollen entweder weiblich sein oder ethnischen beziehungsweise sexuellen Minderheiten angehören. Zudem muss die Handlung des Films Anliegen unterrepräsentierter Gruppen enthalten. Die 30-Prozent-Regel gilt auch für den Rest der Produktion. („Jenseits von Afrika" beispielsweise wäre an den Vorgaben gescheitert.)

Amazon hat für seine eigenen Produktionen inzwischen folgende Regeln: Der Cast soll „idealerweise ein Minimum von 30 Prozent Frauen und 30 Prozent Angehörigen einer unterrepräsentierten rassischen/ethnischen Gruppe beinhalten". Das Ziel wird in drei Jahren auf 50 Prozent angehoben. Zudem solle mindestens eine Person in einer Sprechrolle folgende Voraussetzung erfüllen: „LGBTQIA+, Menschen mit einer Behinderung und drei regional unterrepräsentierte Rassen/ethnische/kulturelle Gruppen." Die Hälfte müssen Frauen sein. Für Dienstleistungen bei Produktionen sollen mindestens drei Angebote von Verkäufern oder Lieferanten eingeholt werden, darunter eines von einer Frau und eines von einer Minderheit geführten Unternehmens. Zusätzlich soll die Identität der besetzten Schauspieler (Geschlecht, Geschlechtsidentität, Nationalität, Rasse/ethnische Zugehörigkeit, sexuelle Orientierung, Behinderung) mit der der Figur übereinstimmen.

Ganz nebenbei wird dabei die Idee der Schauspielerei in ihr Gegenteil verkehrt. Es geht ja gerade darum, etwas zu „spielen", nicht etwas zu repräsentieren, was man ist. Sonst dürfte ein Mörder nur noch von einem Mörder gespielt werden. Es geht um Illusion, nicht um Realität. Am einfachsten wären die Vorgaben in Hollywood zu umzusetzen, wenn jeder sich selbst spielt. Oder noch besser, jeder das ist, was er ist. Dann braucht es zumindest keine Schauspielschulen mehr. Aber eigentlich auch keine Filme.

Quoten, Quantitäten, Vorgaben und Verbote: In amerikanischen Museen und Institutionen der bildenden Kunst zeichnen sich ähnliche Tendenzen ab. Mit Kunst, Filmkunst oder künstlerischer Freiheit generell hat das nur noch wenig zu tun.

Die Hüter der identitären Ideologie treten gern als Weltverbesserer auf. Ihre Methoden erinnern – wenn man dem britischen Publizisten Douglas Murray zuhört – eher an einen Deutschen Schäferhund. Die Aufgabe des Schäferhundes ist es, die Herde zu hüten, dafür zu sorgen, dass sie möglichst geschlossen dahin geht, wo der Schäfer sie hinführen will. Dabei konzentriert sich der Schäferhund nicht auf das Zentrum der Herde. Seine ganze Aufmerksamkeit liegt auf den Schafen, die drohen, abzuweichen. Stets umkreist der Schäferhund die Herde und sucht Abweichler. Er bewacht die Ränder. Sobald ein Schaf aus der Formation ausbricht, ein paar Meter zu weit links oder rechts läuft, springt er hin und erschreckt das Schaf oder beißt es und treibt es so in Herde zurück. Er tötet es nicht, er bedroht es und schüchtert ein und alle Schafe in der Herde lernen, was sie besser nicht tun. Abweichen. Für Schafherden mag das ein gutes Mittel sein. In einer freien Gesellschaft brauchen wir keine Schäferhunde.

Zu den gefährlichsten Bigotterien der „Woke"-Bewegung gehört ihr in Teilen unverhohlener Hang zur Relativierung oder Verstärkung von Antisemitismus. Beim Kampf für die Aufarbeitung von Kolonialverbrechen und gegen Islamophobie schwingt das Pendel nicht selten so weit, dass der Holocaust relativiert wird.

Eine der bekanntesten Influencerinnen ist das Model Bella Hadid. 2021 nahm sie an einer Demonstration teil, bei der dazu aufgerufen wurde, „Juden ins Meer zu werfen". Dieser Ausdruck wird von Gruppen verwendet, die Israel das Existenzrecht absprechen. Hadids Vater ist ein palästinensischstämmiger Immobilienhändler. Schon häufiger ist die Familie durch antisemitische Kommentare aufgefallen. So teilte Bella Hadid ein Comic zum Nahost-Konflikt, in dem das Wort Israel nur in Anführungszeichen gesetzt wurde. Ihre Schwester Gigi postete dazu ein Herz.

Die Sängerin Dua Lipa, die zeitweise mit Bella Hadids Bruder liiert war, teilte auf ihrem Instagram-Account mit Millionen Followern einen Beitrag des Filmemachers Vin Arfuso. Darin heißt es: „Die großen, bösen, harten Typen der israelischen Streitkräfte genießen es, Kinder zu schlagen und zu erschießen." Außerdem behauptete Arfuso, dass Israels Soldaten T-Shirts tragen, auf denen Gewehre auf die Bäuche von Schwangeren gerichtet sind. Dazu der Text: „Ein Schuss, zwei Tote." Der Post wurde von Arfuso inzwischen gelöscht.

Mitte November 2023 ging Osama Bin Ladens antisemitischer und terrorverherrlichender „Brief an Amerika", in dem er die Anschläge vom 11. September 2001 mit der Unterstützung der USA für Israel rechtfertigte, in den sozialen Medien viral. Junge TikToker posteten Videos von sich, in denen sie den Brief als augenöffnend bezeichneten und andere Nutzer aufforderten, ihn zu lesen. Viele fühlten sich in eine „Existenzkrise" gestürzt oder gar „ihr Leben lang belogen". Was zunächst nicht zu den Top-Trends auf der Videoplattform gehörte, wurde später durch eine Zusammenstellung der Videos auf X durch den amerikanischen Journalisten Yashar Ali entfacht. Dieser Beitrag wurde über 40 Millionen Mal angesehen.

Bei der alle fünf Jahre in Kassel stattfindenden Kunstschau documenta kam es im Jahr 2022 zum Eklat in mehreren Stufen, als das aus Indonesien stammende Kuratoren-Kollektiv „Ruangrupa" keinen einzigen israelischen Künstler in die Schau einbezog. Bereits Monate vor der Eröffnung gab es Hinweise auf einen systematischen Boykott israelischer Künstler. Eine Diskussion mit Vertretern der jüdischen Gemeinde wurde verweigert. Die Warnungen, dass es sich hier um strukturellen Antisemitismus der Ausstellungsmacher handeln könnte, wurden von der Politik, auch von der zuständigen Kulturstaatsministerin Claudia Roth, in den Wind geschlagen. Erst als eindeutig antisemitische Bilder in der mittlerweile eröffneten Schau zu sehen waren, kippte die Stimmung. Blutsaugende Fratzen mit Davidstern, jüdische Stereotypen im Stil des Nazi-Propaganda-Blattes *Stürmer* in einer Ausstellung in Deutschland, die mit Steuermillionen subventioniert wird – das war dann doch zu viel. Die Bilder wurden abgehängt (später fanden sich noch weitere antisemitische Objekte). Die Leiterin der documenta, Sabine Schormann, musste – viel zu spät – zurücktreten. Im Gewand kritischer Aufarbeitung der Kolonialgeschichte und multikultureller Diversität wurde am Ende judenfeindliche Propaganda verbreitet – „woke" als Sinnbild für Exklusion und Rassismus.

Antisemitismus unter dem Deckmantel der „Woke"-Bewegung – das ist kein Unfall, sondern systemisch, wie auch Anita und Poju Zabludowicz erleben mussten. Das finnische Ehepaar gehört zu den wichtigsten Sammlern zeitgenössischer avantgardistischer Kunst in

England, den USA und Finnland. Die Branchenpublikation *Larry's List* platziert die Zabludowicz Collection auf Platz 3 der weltweit wichtigsten Sammlungen. Das englische Königshaus verlieh Anita Zabludowicz den „Order of the British Empire"-Orden für ihre Verdienste um die Kunstwelt.

Die Geschichte dieser Familie ist eine besondere. Ursprünglich aus Polen stammend, wurden Poju Zabludowicz' Eltern, die sich während des Holocaust kennenlernten, deportiert, die Mutter nach Auschwitz, der Vater in verschiedene andere Lager. Wie durch ein Wunder überlebten beide. Nach dem Ende des Zweiten Weltkriegs emigrierten sie nach Finnland, um ein neues Leben zu beginnen. Shlomo Zabludowicz begeisterte sich schnell für die Gründung des Staates Israel und engagierte sich für eine moderne Verteidigungspolitik. Schließlich wurde er – auch als Unternehmer und Hersteller – zu einer der entscheidenden Figuren bei der Bewaffnung Israels und dann auch bei der Wiederbewaffnung Deutschlands. Seine tiefe Überzeugung und Motivation waren: Nur ein starkes und militärisch geschütztes Israel kann Juden aus aller Welt eine sichere Heimat, ein Schutz vor weiteren Wellen von Antisemitismus sein. Und Deutschland kann dabei aufgrund seiner Geschichte eine besondere Rolle spielen. In Israel wird Shlomo Zabludowicz heute noch wie ein Volksheld verehrt.

Sein Sohn Poju hat sein Berufsleben unabhängig von diesem Erbe zu führen versucht und wesentlich als Investor in Immobilen und Technologie-Firmen (darunter auch die Big-Data-Firma Palantir) agiert.

Seit einigen Jahren nun formiert sich ein organisierter Boykott der Zabludowicz-Collection. In öffentlichen Erklärungen wird unter dem Kürzel BDZ („Boycott Divest Zabludowicz") ein diffamierendes Bild gezeichnet. Zionismus als Sinnbild quasi eines neuen Kolonialstaates Israel und schmutziges Geld von Waffenhändlern sind die verleumderischen Ingredienzen.

Als einer der Hauptvorwürfe und „Belege" für die Notwendigkeit eines Boykotts wird angeführt, dass Zabludowicz in das Unternehmen Palantir investiert hat. Dessen „Hauptvergehen": Zusammenarbeit mit der NSA und anderen Geheimdiensten ausschließlich demokratischer Nationen. Anstatt Palantir, das derzeit auch eine Rolle in der Unterstützung der Ukraine in der Verteidigung gegen den russischen Angriffskrieg und in Israel bei der Verteidigung gegen den Hamas-Terror spielt, als wichtiges Instrument in der internationalen Terrorismusbekämpfung, also quasi als Schutzmacht der Demokratie, zu beschreiben, ist es im „Woke"-Milieu der Inbegriff des Bösen. Zum Canceln einer Kunstsammlung ist die Unterstützung Palantirs ein willkommener Anlass.

Immer länger werdende Listen von Künstlern, die ihre Werke aus der Zabludowicz Collection zurückgezogen haben, werden im Internet veröffentlicht. Die Forderungen überschlagen sich. Es geht nicht um die Schwächung, es geht um „das Ende", die Zerstörung der Sammlung. Hinter den Aktivitäten steht maßgeblich die antiisraelische und antisemitische BDS-Bewegung (Boycott, Divestment and Sanctions), die unter anderem den Boykott israelischer Produkte überall auf der Welt propagiert (in trauriger Kontinuität des Nazi-Aufrufs „Kauft nicht bei Juden"). Zum Höhepunkt der Hetzjagd wurde ein Gespräch, das Anita und Poju Zabludowicz im Frühjahr 2022 mit dem Board der Tate Gallery führen mussten. Man legte Anita Zabludowicz freundlich und um Verständnis ringend nahe, aus dem Council der Tate auszutreten, um Schaden von dem Museum abzuwenden. Anita Zabludowicz fragte höflich, was genau man ihr zur Last lege, was sie falsch gemacht habe. Die Antwort war ein Schulterzucken. Man fürchte die Schäden, die einige empörte, der „Woke"-Bewegung verpflichte Künstler und Kuratoren der Tate zufügen könnten. Kurz: Die Tate, eine der mächtigsten Kulturinstitutionen der Welt, knickte ein vor dem Zeitgeist. Folgen statt Führen.

Die Unterstützung der BDS-Bewegung und des Israel-Boykotts auch von immer mehr Klimaaktivisten ist erschreckend. In diesem Sinne haben „Black Lives Matter", der antiisraelische und antisemitische Propagandaerfolg auf TikTok nach dem Hamas-Angriff auf Israel und die gesamte „Woke"-Welle das Potenzial, zum trojanischen Pferd einer neuen autoritären Bewegung zu werden, die die Freiheit und demokratische Werte schwächt. Der Zweck scheint so wichtig zu sein, dass die Legitimität und Angemessenheit der Maßnahmen nicht hinterfragt wird.

Was als unterstützenswerte Toleranzbewegung begann, wird mehr und mehr zur Intoleranzbewegung. Es entsteht ein neuer Extremismus, ein ganz andersgearteter „-Ismus": der Tolerantismus. Höchst intolerant werden neue Toleranzregeln verhängt. Nach dem Motto: Was toleriert wird und was nicht, das bestimmen wir. Spätestens hier wird die ernüchternd machtpolitische Komponente des Kulturkampfes sichtbar. Spätestens hier wird „woke" erschütternd banal. Es ist Zeit für eine Korrektur. Mit Tolerantismus wird die Freiheit geschwächt, nicht gestärkt.

Intoleranz im Namen der Toleranz gegenüber Andersdenkenden gilt leider auch in Teilen einer immer radikalisierteren Klimaschutzbewegung.

Der Klimawandel ist real. Das muss hier weder bewiesen noch diskutiert werden. Die Erderwärmung richtet sich nach keiner Partei. Sie ist nicht ideologisch. Sie ist weder rechts noch links. Das vergangene Jahrzehnt war das wärmste seit Beginn der Wetteraufzeichnungen.

Fest steht: Solange Länder wie China oder die arabischen Emirate andere Vorstellungen vom Umgang mit CO_2-Ausstoß und Klimawandel haben und die Welt hier keinen wirklich gemeinsamen Nenner findet, wird das Problem nicht bewältigt werden. Doch während wir die wirklichen Ursachen des Klimawandels nicht in den Griff bekommen, schwächen und zerstören wir mit vielen Methoden im Kampf gegen den Klimawandel immer mehr Grundpfeiler freiheitlicher Lebensformen. Immer häufiger hört man von Klimaaktivisten Töne, die Zweifel säen, ob die Demokratie für die schnelle und effiziente Durchsetzung von Maßnahmen zur Stabilisierung des Klimas überhaupt die richtige Staatsform sei. Wenn jedes Mittel im Kampf für die gute Sache recht ist, gilt dies zuerst für die Methoden des Protests. Immer wieder blockieren in den Jahren 2022 und 2023 in Deutschland und anderen europäischen Ländern Mitglieder verschiedenster Gruppierungen Straßen, um ihre Interessen durchzusetzen. Dass Pendler deswegen nicht zur Arbeit können, dass Krebspatienten nicht zu ihrer lebensnotwendigen Therapie kommen (so geschehen im Sommer 2022 in Berlin) oder dass Krankenwagen Schlaganfallpatienten nicht mehr rechtzeitig in die Rettungsstelle bringen können, wird dem hehren Ziel untergeordnet. Den Weg des Diskurses, der Debatte haben viele der Klimaaktivisten längst verlassen. Im Zuge einer selbstgerechten Idealismusbesessenheit verschwimmen die Grenzen zwischen Aktivismus und Kriminalität zusehends.

Doch diese Formen von Intoleranz sind harmlos, verglichen mit der ideologischen Radikalisierung führender Vertreter der Klimabewegung. Greta Thunberg, die Ikone von „Fridays for Future", Idol einer ganzen Generation, hat eine sich als Fratze entlarvende Einstellung gegenüber der Freiheit. Allerspätestens der Hamas-Angriff auf Israel hat ihren beklemmend aggressiven Antisemitismus offenbart. Wer genauer hinschaute, konnte es schon deutlich früher wissen. Im Mai 2021 teilte sie den Post einer BDS-Unterstützerin. Im Sommer weigerte sie sich, die Hamas als Terrorgruppe zu bezeichnen. Im Oktober zeigte sie sich bei einer Demonstration mit einem Freund, der einen Schal trug, auf dem „Jerusalem ist die Hauptstadt Palästinas" stand. Und seit dem Angriff der Hamas auf Israel im Oktober 2023 hat sich ihr Ton noch weiter verschärft: Sie trat mehrfach in ein Palästinensertuch gehüllt auf, forderte „No climate justice on occupied land" (die Rede ist von Israel), kritisierte einen angeblichen Genozid an den Palästinensern und forderte die Auflösung Israels („From the river to the sea – Palestine will be free"). Diese Sprache findet sich auch in ihren Postings und Streikaufrufen. Zuletzt auch in einem gemeinsam mit anderen Mitgliedern der schwedischen „Fridays for Future"-Bewegung verfassten Meinungsbeitrag, in dem sie Israel des Völkermords im Gazastreifen beschuldigt.

Die Gruppe „Fridays for Future" ist mehrfach wegen antisemitischer Äußerungen aufgefallen. Auf dem Instagram-Profil der Bewegung wurden Posts geteilt, in denen Israel für die Eskalation verantwortlich gemacht wurde. In einem Beitrag wird Israel „ethnische Säuberung" vorgeworfen und zum Boykott Israels aufgerufen. Unterstützt wurden die Aufrufe der BDS-Bewegung nicht nur von Greta Thunberg.

Roger Hallam, Gründer von Extinction Rebellion (XR), einer internationalen Gruppe, die seit 2018 radikale Klimaproteste betreibt, nannte den Holocaust in einem Interview mit der deutschen Wochenzeitung *Die Zeit* im November 2019 „just another fuckery in human history" – „nur ein weiterer Scheiß in der Menschheitsgeschichte". Eine Formulierung, die fatal an Alexander Gaulands schrecklichen Satz, „Hitler und die Nazis sind nur ein Vogelschiss in über 1.000 Jahren erfolgreicher deutscher Geschichte", erinnert. Wenn ein AfD-Politiker so etwas sagt, wird es zu Recht als unerträglich kritisiert. Wenn es aus der Klimabewegung kommt, finden es viele nur cool. In einem Interview des Nachrichtenmagazins *Spiegel* sagte Hallam später: „Der Klimawandel ist nur das Rohr, durch das Gas in die Gaskammer fließt. Es ist nur der Mechanismus, durch den eine Generation eine andere tötet."

Als er gefragt wurde, ob er tatsächlich den Klimawandel mit der systematischen Ermordung von Millionen Juden vergleichen wolle, antwortete er selbstbewusst, dass viele XR-Aktivisten mit solchen Nazi-Vergleichen nicht einverstanden seien. „Ich bin nicht der Sprecher der Bewegung. Aber meine persönliche Meinung ist: Die Eliten haben die bewusste Entscheidung getroffen, die nächste Generation zu zerstören, um an der Macht bleiben zu können." Als Ausrutscher ist diese Rhetorik also beim besten Willen nicht zu deuten. Dieses Denken ist strukturell.

Roger Hallam denkt und sagt ebenso klar: Das Thema Klimawandel ist größer als die Demokratie. Und wörtlich: „Wenn eine Gesellschaft so unmoralisch handelt, wird Demokratie irrelevant." In der populären Aktivistenbewegung Extinction Rebellion herrscht das Prinzip: lieber ziviler Ungehorsam als demokratische Institutionen für politische Ziele nutzen. XR-Aktivisten formulieren das so. „Wir haben doch in den letzten Jahren gesehen, dass es nicht mehr ausreicht, nur zu demonstrieren oder Petitionen zu unterschreiben." Man argumentiert mit dem drohenden Aussterben der Menschheit – damit im

Kampf dagegen jedes Mittel recht ist. Auch die Relativierung des Holocausts, der Ermordung von sechs Millionen Juden. Auch die Verachtung des Rechtsstaates. Dieses Denken ist totalitär.

Der britische Thinktank Policy Exchange schreibt über die Gruppe: „Extinction Rebellion lehnt sowohl unsere repräsentative Demokratie als auch die liberale freie Marktwirtschaft ab und strebt ausdrücklich an, beides umzustürzen. Die führenden Köpfe der ‚Rebellion‘ haben deutlich gemacht, dass diese Ziele untrennbar mit ihren Forderungen in puncto Umwelt verbunden sind. In der ‚Rebellionserklärung‘ der Extinction Rebellion (von 2019) heißt es beispielsweise: ‚Wir, im Einklang mit unserem Gewissen und unserer Vernunft, erklären uns in Rebellion gegen unsere Regierung und die korrupten, unfähigen Institutionen, die unsere Zukunft bedrohen ... die vorsätzliche Komplizenschaft, die unsere Regierung an den Tag gelegt hat, hat eine sinnvolle Demokratie zerrüttet und das Gemeinwohl zugunsten von kurzfristigem Gewinn und privaten Profiten aufgegeben.‘“

Demokratie- und Freiheitsverachtung im Namen einer guten Sache – das war der Humus, auf dem sich in den 70er-Jahren die moralische Hybris und kriminelle Gewalt der RAF entwickelte.

KRIEG, FRIEDEN UND MEIN VATER

Ich schämte mich, ein Deutscher zu sein. Die Fernsehserie „Holocaust" zeigte mir – als ich 16 Jahre alt war – zum ersten Mal die deutsche Schande. Die Bilder aus den Konzentrationslagern, die abgemagerten KZ-Insassen, Leichenberge und das so berührende Schicksal der Familie Weiss. Ich verstand nicht, wie „die Deutschen" das tun konnten, das wollen konnten, das zulassen konnten.

Verstärkt wurde dieses Gefühl der kollektiven Scham durch meinen Vater, geboren 1928. Er lebte ein Leben in den traumatischen Ruinen der eigenen Kriegserinnerungen als Kind. Und wiederholte immer wieder: „Die Deutschen haben diesen Krieg angefangen, Krieg ist das Schrecklichste, es darf nie wieder Krieg geben." Als Kind war er als Flakhelfer zur Unterstützung der Luftwaffe eingezogen worden, als Jugendlicher musste er verbrannte Leichen aus zerbombten Häusern tragen. Am Ende des Krieges war er in einem amerikanischen Kriegsgefangenenlager in Cherbourg an der französischen Atlantikküste inhaftiert. Die Erinnerungen an diese Erlebnisse tauchten immer wieder in den abendlichen Tischgesprächen auf. Wie er Gras und Regenwürmer aß, um nicht zu verhungern. Wie er nur knapp einer Erschießung entging. Er fing dann an zu weinen. Mit seinen Händen zeigte er uns, wie klein die verbrannten Leichen waren, die er nach den Bombenangriffen transportieren musste.

Ich wurde als Pazifist erzogen. Ich bin aber kein richtiger Pazifist geworden. Denn schon bei der ersten Beschäftigung mit der Geschichte des Dritten Reiches wurde klar, dass man mit Diplomatie, Zurückhaltung und Friedensbotschaften bei einem Diktator wie Hitler nichts erreicht hatte. Die Politik des Appeasements des ehemaligen britischen Premiers Neville Chamberlain wurde mir zum abschreckend opportunistischen Beispiel. Wie konnte man versuchen, sich mit jemandem wie Hitler zu arrangieren? Warum haben die Alliierten nicht noch viel früher, viel entschiedener eingegriffen? Warum sind die Bahngleise in die Konzentrationslager nicht zerstört worden? Millionen von Juden hätten vielleicht gerettet werden können. Millionen Soldaten hätten wahrscheinlich nicht sterben müssen. Die Bombardierung Dresdens, Rotterdams und vieler anderer Städte in Europa hätte es so wohl nie geben müssen. Das war meine Lektion aus dem Zweiten Weltkrieg: nie wieder Rassismus, nie wieder Völkermord, nie wieder Toleranz für die Intoleranz, nie wieder Appeasement.

Meine Überzeugung verstärkte sich am Ende des Kalten Krieges. Nicht Friedensreden in Moskau und die Anerkennung und Verklärung der DDR hatten den Eisernen Vorhang und die Mauer zu Fall gebracht. Sondern die Abschreckung der Amerikaner, die durch militärische Stärke und Projekte wie die Strategic Defense Initiative und den Doppelbeschluss der NATO gestützt wurde. Und der Mut der Menschen auf der Straße. Das Ende des Kalten Krieges hat mein Interesse an der Politik geweckt – der Schlüsselmoment war die deutsche Wiedervereinigung. Der Fall der Berliner Mauer war die politische Epiphanie meiner Generation. Davor interessierte ich mich nicht besonders für das „andere" Deutschland. Meine Mutter sagte mir, sie fühle sich eher mit Italienern und Franzosen verbunden als mit ihren „deutschen Brüdern und Schwestern" in Leipzig oder Cottbus. Zeitgeist der 1980er-Jahre.

Aber als ich am 9. November 1989 dann in München vor dem Fernseher saß und die Bilder der Menschen sah, die die Berliner Mauer niederklopften und durch das Brandenburger Tor zogen, war es mit der Gleichgültigkeit vorbei. Mir wurde klar, dass diese Revolution – „Wir sind das Volk" – der ultimative Triumph der Freiheit war. Und dass Freiheit das ist, wofür es sich zu kämpfen lohnt. Deshalb bin ich nach Berlin gezogen. Und deshalb bin ich in Berlin geblieben.

NEUE ALTE KRIEGE

Anfang 2022 war Illia Bondarenko ein junger Mann in seinen Zwanzigern, voller Leidenschaft und Pläne, ein talentierter Geiger, der die Welt bereiste, um seinen Traum zu verwirklichen, Berufsmusiker zu werden. Illia musste sich bis zum 24. Februar 2022 kaum Sorgen um seine Familie oder seine Freunde machen, geschweige denn um sein ganzes Land.

Anfang März, nur zwei Wochen nach dem russischen Einmarsch in die Ukraine, fand Illia sich in einem Kellerschutzraum in Kiew wieder, während seine Stadt bombardiert wurde. In den Pausen zwischen den Angriffen begann er Geige zu spielen. Eines Tages war es das ukrainische Volkslied „Verbovaya Doschechka". 94 Geiger aus 29 Ländern folgten ihm auf YouTube und stimmten in das Lied ein.

Wladimir Putins Krieg in der Ukraine dauert mindestens seit 2014 an. Die Annexion der Krim war der erste Akt eines lange gereiften Plans, der vor allem zwei Ziele verfolgt.

Erstens: die ehemalige Supermacht wieder zu alter Größe und Relevanz zu führen. Das heißt – gleichsam auf den Spuren und möglicherweise sogar in den Grenzen eines geschichtlichen Vorbildes wie Peter der Große –, eine konkrete Vergrößerung des Territoriums zu erreichen. Die Krim, die Ostukraine, die gesamte Ukraine, das Baltikum, Polen und andere Länder sind hier in Schritten als Ziele denkbar.

Das zweite, mindestens so wichtige Ziel ist die Schwächung der Demokratie. Putin sieht die Demokratie als degeneriertes Wesen, das die Gesundheit und Kraft seines Volkes unterminiert. Die Tatsache, dass seit dem Ende des Kalten Krieges und durch eine erweiterte NATO immer mehr demokratische Länder der russischen Nation immer näher rücken, empfindet Putin als Bedrohung. In Abstimmung und Synergie mit China versucht er, der Gefahr der demokratischen Unterwanderung eine Politik autokratischer Stärke und aggressiver Geopolitik entgegenzusetzen.

Offiziell ist der Kalte Krieg seit mehr als 30 Jahren vorbei. Doch für Putin war er nie wirklich zu Ende.

Als Wladimir Putin im Jahr 2000 Präsident wurde, entwickelte er systematisch das Narrativ, nach dem die Perestroika von Michail Gorbatschow und Boris Jelzins Augustputsch von 1991 eine Kapitulation vor der Politik der USA war. Er selbst – Wladimir Putin – sah seine historische Rolle darin, Russland zu alter Macht und einstigem Ruhm zurückzuführen.

Putin agiert seither wie ein Wissenschaftler des Westens. Wie in einem Laborversuch testet er Reaktionen, erkundet Grenzen, probiert neue Methoden, berechnet Wahrscheinlichkeiten und prognostiziert Resilienz. Wie stark, wie schwach, wie geschlossen oder wie zerstritten sind die EU, die USA, die deutsch-amerikanische Achse? Einfluss auf einen Wahlkampf durch Desinformation und botgetriebene Propaganda in den sozialen Medien gehören ebenso zu den Methoden wie ein Auftragsmord durch russische Geheimdienste mitten in Berlin oder ein Krieg in Georgien oder auf der Krim. Reagiert die demokratische Welt schwach und gespalten, wird dies als Ermutigung gelesen und führt zur nächsten, härteren Maßnahme. Reagiert die demokratische Welt überraschend stark und geschlossen, scheut er zurück, pausiert und prüft andere Methoden.

Die demokratische Welt – vor allem Europa und hier in ganz besonderer Weise Deutschland – hat sich in Putins Versuchsanordnungen in den letzten zwei Jahrzehnten als besonders schwach erwiesen. Durch militärische Passivität, pazifistische Prinzipien-Besessenheit – vor allem auch durch wachsende und proaktiv beschleunigte wirtschaftliche Abhängigkeit. Auf den Krieg im Kaukasus im August

2008 folgte schon wenige Tage später ein vom Europäischen Rat vermittelter Friedensplan. Putin las dies als Zeichen der Ermutigung. Nach dem russischen Angriff auf die Krim im Jahr 2014 folgte schon im März desselben Jahres eine de facto widerstandslose russische Eingliederung der Halbinsel. Die menschenrechtliche Lage auf der Krim hat sich seither laut Amnesty International dramatisch verschlechtert. Vor allem aber war dies erneut ein klares Versuchsergebnis für den „Wissenschaftler des Westens". Putin wusste: Es kann weitergehen.

Danach folgten einige Jahre der Vertiefung der wirtschaftlichen Abhängigkeit, insbesondere des größten EU-Mitglieds Deutschland. In der Folge des Ausstiegs aus der Atomenergie nach dem Reaktorunglück in Fukushima erhöhte Deutschland den russischen Anteil der Gasimporte von rund einem Drittel auf zuletzt 55 Prozent. Diese Abhängigkeitsbeziehung reicht weit zurück. Dem *Spiegel* zufolge kamen zu Beginn der Kanzlerschaft von Helmut Schmidt 15 Prozent der deutschen Gasimporte aus Russland. Unter Schmidt wurde eine 30-Prozent-Regel zur Begrenzung der Gasmenge aus einem bestimmten Land eingeführt, um die Entstehung von Abhängigkeiten zu verhindern. Die Begrenzung wurde einige Jahre später, 1991, unter Helmut Kohl durchbrochen. Nun kamen 33 Prozent der deutschen Gasimporte aus der Sowjetunion. Am Ende von Angela Merkels Amtszeit waren es zwischenzeitlich über 60 Prozent. Und mit der trotz allen Warnungen der USA vorangetriebenen Realisierung des Pipeline-Projektes Nord Stream 2 wäre die direkte Abhängigkeit von Russland weiter gestiegen. Zusätzlich kommen rund ein Drittel aller deutschen Rohölimporte aus Russland. Noch nach Ausbruch des Krieges am 24. Februar 2022 überwies die EU rund eine Milliarde US-Dollar pro Tag für Energieimporte nach Russland und finanzierte so Wladimir Putins Waffenarsenale für die Eroberung der Ukraine.

Energiepolitische Abhängigkeit und eine ebenso kurzsichtige wie naive Handelspolitik wurden so zum Katalysator einer sicherheitspolitischen Eskalation. Und lösten vor allem in Europa ein bitteres Erwachen aus. Selbst den unbekümmertsten Vertretern einer apolitischen

Handelspolitik – nach dem von Milton Friedman zuerst formulierten, insbesondere von Siemens-CEO Joe Kaeser gern benutzten Motto: „The purpose of business is business" („Der Zweck von Geschäft ist Geschäft") – wurde klar, dass Geschäftsbeziehungen mit Ländern, in denen rechtsstaatliche und menschenrechtliche Prinzipien mit Füßen getreten werden, früher oder später nicht nur einen hohen wirtschaftlichen, sondern einen noch höheren politischen und humanitären Preis fordern. Eine durch diesen Krieg maßgeblich beeinflusste globale Rezession und Inflation ist dabei in ihren Konsequenzen gar nicht zu beziffern. Nicht zu sprechen von den Toten dieses Krieges.

In Deutschland löste diese für viele so unerwartete und unvorstellbare Kriegserfahrung einen Realitätsschock und schlagartig einen politischen Konzeptwechsel aus. Ausgerechnet unter einer Bundesregierung mit den Grünen, der liberalen FDP und den Sozialdemokraten (SPD) beschloss Kanzler Olaf Scholz drei Maßnahmen, die in den anderthalb Jahrzehnten zuvor undenkbar schienen:

1. ein Sonderbudget von 100 Milliarden Euro zur Ertüchtigung der unter Angela Merkel zur zahnlosen Berufsarmee abgewirtschafteten deutschen Bundeswehr,
2. die Erreichung des 2-Prozent-Ziels der NATO – also die Verwendung von zwei Prozent des Bruttoinlandsprodukts für Verteidigungsausgaben – sowie
3. die Lieferung von Waffen an die Ukraine.

Außenministerin Annalena Baerbock, die noch am 18. Februar 2022 – nur sechs Tage vor Putins Mobilmachung auf die Ukraine – auf der Münchner Sicherheitskonferenz die Option von Waffenlieferungen an die Ukraine praktisch ausgeschlossen hatte, indem sie auf die Lehren verwies, die Deutschland aus dem Dritten Reich und dem Holocaust gezogen habe, ebendiese Außenministerin schlug nur wenige Tage später völlig andere Töne an. In einer Sondersitzung des Bundestages am 27. Februar 2022 sagte sie: „Vielleicht ist es so, dass Deutschland am heutigen Tag eine Form besonderer und alleinstehender Zurückhaltung in der Außen- und Sicherheitspolitik hinter sich lässt. Die Regeln, die wir uns dafür gegeben haben, dürfen uns nicht aus unserer Verantwortung nehmen. Wenn unsere Welt eine andere ist, dann muss auch unsere Politik eine andere sein. (…) Wir werden bei Waffenexporten und Einsätzen weiter aus tiefster Überzeugung zurückhaltend sein. Wir werden uns aber in dieser historischen Stunde angesichts des brutalen Angriffs auf die Ukraine für eine Unterstützung entscheiden, die neben unserem großen wirtschaftlichen und humanitären Engagement die Ukraine jetzt auch mit Lieferung von militärischem Material und Waffen unterstützt. Denn wir dürfen die Ukraine nicht wehrlos dem Aggressor überlassen, der Tod und Verwüstung über dieses Land bringt."

Eine Zeitenwende. Eine epochale Justierung deutscher Sonderwege, gespeist aus einer schmerzhaften Realitätserfahrung als Konsequenz leichtfertiger Wirtschaftspolitik, ins Werk gesetzt ausgerechnet von Deutschlands erster Außenministerin, einer Vertreterin ebenjener Partei, deren Gründungsmythos auf zwei Säulen beruhte: Ausstieg aus der Atomenergie und Pazifismus. Zwei Prinzipien, die im Kontext des Krieges auf tragische Weise miteinander in Konflikt gerieten. Denn vor allem die irrationale Angst vor der Kernenergie war es ja, die in ihren Konsequenzen die Abhängigkeit von Putins Gas erzeugte.

Dieser Politikwechsel unter Bundeskanzlerin Angela Merkel hat denjenigen Putin gestärkt und finanziert, mit dem wir es heute zu tun haben. In diesem Zusammenhang ist es sehr bezeichnend, wie hartnäckig die deutsche Regierung trotz der schweren Energiekrise und ihrer ambitionierten CO_2-Ziele an ihrem Plan festhielt, aus der Kernenergie auszusteigen.

Wenn Putins Krieg in der Ukraine, sein Angriff auf die Freiheit, eine indirekt positive Wirkung entfaltet hat, dann ist es diese: Opportunistische Wirtschafts- und Handelspolitik hat ihre Unschuld verloren. „The purpose of business" ist eben nie nur Business – es geht immer um mehr. Und angesichts des russischen Krieges gegen die Ukraine und die westlichen Werte waren die Handlungen von Wirtschaftsführern noch nie so politisch. Selbst wenn ein Unternehmen unpolitisch sein und handeln will, hat fast alles, was es tut oder nicht tut, eine politische Auswirkung. Ob es uns gefällt oder nicht, ein „purpose", ein Zweck der Wirtschaft ist indirekt immer politisch. Das gilt auch für die Situation im Nahen Osten, den Krieg in Israel und die alle Vorstellungen sprengende weltweite Renaissance von blankem Antisemitismus.

Gereift ist immerhin die Erkenntnis: Wenn Handel Abhängigkeit erzeugt, gibt es keinen guten Ausgang. Putins Krieg und der Angriff auf Israel, finanziert von Katar und anderen Ländern des mittleren Ostens, mit denen die europäische und amerikanische Wirtschaft gern Handel treiben, sind der späte Weckruf für einen lange überfälligen Konzeptwechsel im Spannungsfeld zwischen Wirtschaftspolitik und Sicherheitspolitik, zwischen Demokratien und Diktaturen. Und fast noch wichtiger: Ein für alle Mal ist pazifistisch geschminktes Appeasement diskreditiert.

Es hatte etwas Befreiendes, als ausgerechnet der grüne Außenminister Joschka Fischer – angesichts der Blamage der demokratischen Welt, das Massaker von Srebrenica 1995 nicht verhindert zu haben – 1999 den Einsatz deutscher Soldaten im Kosovo-Krieg durchsetzte. So begann – endlich – ein neues, reiferes Kapitel deutscher Außenpolitik. Fischers Begründung war so klar wie kurz: „Ich habe nicht nur gelernt: ‚Nie wieder Krieg.' Ich habe auch gelernt: ‚Nie wieder Auschwitz.'"

Unter deutscher Beteiligung wurden ein Konflikt und barbarisches Morden nicht durch Passivität, sondern durch beherztes militärisches Eingreifen beendet. Spät zwar, aber wirksam schien die Lektion aus der deutschen Geschichte gelebt zu werden: keine Toleranz für Völkermord.

Als 2022 in den ersten Monaten nach dem Einmarsch in die Ukraine die alte Diskussion wieder neu geführt wurde, war interessant, entlang welcher Linie die uralte Debatte um den richtigen Weg der Kriegsvermeidung oder -beendigung wieder aufbrach: Empörung über Waffenlieferungen kam aus den Ländern oder Milieus, die in Frieden und gesichertem Wohlstand leben, wenig Erfahrung im Umgang mit dem russischen Präsidenten haben und seit Jahrzehnten totalitäre

Verhaltensweisen nur aus den Geschichtsbüchern oder dem Fernsehen kennen. Aus Ländern und Milieus, die um ihre Freiheit kämpfen mussten oder immer noch müssen oder die mit Diktatoren konkrete Erfahrung haben, kam Zustimmung zu einer Politik militärischer Gegenwehr. Ideologie oder Parteipräferenzen spielten dabei kaum eine Rolle. Es waren fast mehr prominente Politiker der Grünen als der CDU, die sich für eine Politik der militärischen Solidarität einsetzten.

Da war er wieder, der uralte Konflikt zwischen „Tauben" und „Falken". „Tauben" glauben, Kriege vermeidet oder beendet man am besten mit Zurückhaltung, Heraushalten, Kompromissangeboten und Gesprächen. „Falken" glauben, Konflikte vermeidet oder beendet man am besten mit Abschreckung, Stärke und einer Mischung aus glaubwürdiger Drohung und Diplomatie.

Natürlich wollen die meisten lieber „Tauben" sein. Jedoch: Die jüngere Geschichte hat den „Falken" recht gegeben, wenn es darum geht, Frieden zu sichern oder wiederherzustellen – was ja hoffentlich jeder will, der an dieser Diskussion teilnimmt. Das war so im Zweiten Weltkrieg, der erst durch das entschiedene Vorgehen der Alliierten beendet wurde. Im Jom-Kippur-Krieg, bei dem erst die militärische Unterstützung Israels durch die Amerikaner zum Abschluss eines Waffenstillstands führte. Im Kosovo-Krieg, der nur durch das Eingreifen der NATO zu einem Ende kam. Nicht zuletzt nach dem Angriff der Hamas auf israelische Dörfer und Städte am 7. Oktober 2023, dem wohl größten antisemitischen Pogrom seit dem Zweiten Weltkrieg.

In allen Fällen drohte weitere Eskalation. Eskalationsgefahr war auch im Ukraine-Krieg wieder das Hauptargument für eine Politik des Heraushaltens.

Die Eskalationsvermeidungstheorie basiert auf der falschen Annahme, dass autokratische oder diktatorische Aggressoren sich zufriedengeben, wenn man ihnen durch Nichteingreifen die Erreichung ihres ersten Zieles ermöglicht. Dafür sprach im Falle Putin sehr wenig. Mit der gleichen Naivität hatte man ihm 2014 die Annexion der Krim ermöglicht. Was Putin nur eine Lektion nahelegte: Weitere Eskalation ist sinnvoll.

Was wäre, wenn Putin als Nächstes das Baltikum oder vielleicht sogar Polen angriffe? Dann wäre – durch Artikel 5 des NATO-Vertrags – eine formale Verpflichtung des Bündnisses zum Eingreifen erreicht. Aber gilt dann das Argument von der unbedingt zu vermeidenden Eskalation nicht mehr? Und was wäre, wenn der Iran und seine Verbündeten mit der immer wieder angekündigten Auslöschung Israels ernst machen. Gilt die deutsche Staatsraison, nach der das Existenzrecht Israels nicht verhandelbar ist? Würden dann wirklich deutsche Truppen zur Verteidigung Jerusalems einrücken?

Gerade dann könnte man – und wird man vielleicht – sagen: Das Risiko einer weiteren Eskalation ist zu hoch, wir können wegen des kleinen Baltikums oder wegen des ohnehin immer wieder als Störenfried oder Friedensstörer gezeichneten Israels keinen Atomkrieg riskieren. Und was, wenn ein Diktator wie Putin eines Tages Giftgas einsetzt, wenn chemische oder biologische Waffen grausamste Opfer fordern und Bilder um die Welt gehen, die unsere Vorstellungskraft sprengen? Oder wenn Juden auf deutschen oder amerikanischen Straßen genozidal verfolgt und systematisch ermordet werden? Wird eine demokratische Staatengemeinschaft dann wirklich eingreifen? Oder weiter vorsichtig bleiben, um noch schlimmere Eskalationen zu verhindern? Das Problem dieser Strategie ist, dass mit jeder Woche des Wartens die Zahl der Opfer und die Massivität der einzusetzenden Mittel größer wird.

Wenn man also das Argument der drohenden Eskalation ernst nähme, wäre die Konsequenz immer die gleiche: schnellstmögliche Kapitulation. Das gälte in Syrien und in Afghanistan, in Israel und eines Tages in Taiwan. Nur eine schnelle Unterwerfung könnte Abertausende Tote vermeiden, die Leben russischer und ukrainischer oder baltischer oder polnischer, israelischer oder taiwanesischer Soldaten und Zivilisten und vor allem Kinder retten. Es wäre eine schreckliche, aber zumindest eine ehrliche Option. Es würde aber bedeuten, unsere Werte aufzugeben.

In der formalistischen Konsequenz, mit der sich Deutschland bei entscheidenden Hilfeleistungen in der Vergangenheit oft zurückhielt, offenbarte sich stets eine gewisse Kälte, ja Herzlosigkeit: Tut uns leid.

Wir sind nicht zuständig. Wir können nicht helfen. Wie würden wir Deutschen uns fühlen, wenn ein Diktator Berlin angriffe und die verbündeten Amerikaner sagten: Wir können leider nichts tun, die Eskalationsgefahr ist einfach zu hoch?

Der vorläufig letzte symbolische Moment dieser deutschen Distanziertheit war jener traurige Tag, als der Präsident der Ukraine, Wolodymyr Selenskyj, im Deutschen Bundestag am 17. März 2022 um konkrete Hilfe bat. Seine flehende Rede wurde ergriffen aufgenommen, danach ging man zur Tagesordnung über und verlas Geburtstagsglückwünsche. Folgen? Keine. Hilfe? Nein. Verbittert brachte der ukrainische Präsident die deutsche Haltung auf den Punkt: „Euer ‚Nie wieder' ist nichts wert."

Man soll ein solches protokollarisches und menschliches Versagen des Parlaments nicht überbewerten. Und doch: Das war der Tag, an dem ich begonnen habe zu fürchten, dass wir Deutschen die zweite Chance, die uns die Geschichte nach dem Nationalsozialismus gewährte, verspielen. In Mariupol brennen Häuser, Menschen hungern, Zivilisten werden gezielt erschossen, Kinder ermordet, Leichen liegen auf den Straßen. Und wir Deutschen sind leider wieder nicht zuständig. Und üben uns in „Gratismut" – dem leeren Mut, der keine Risiken eingeht. Die feige Kunst, risikolos Risiken einzugehen.

Am meisten berührten mich in diesem Moment Bilder wie diese: Soldaten in Odessa, die in Kampfanzügen vor einer militärischen Barrikade „Don't worry, be happy" spielen. Oder als Illia Bondarenko in einem Kellerbunker in Kiew auf seiner Geige das alte ukrainische Volkslied anstimmt. Es sind Gesten der Stärke – in der friedlichst denkbaren und der emotionalsten und internationalsten Sprache der Welt, der Musik. Musik erschafft diese Gesten der Stärke, der Solidarität. Des Trotzdems.

Mit Putins Krieg in der Ukraine, mit dem Terror der Hamas schien dieses Trotzdem mitten in Europa, sogar in Deutschland, angekommen zu sein.

Mit Musik allein ist es aber nicht getan. Und das hat zum Glück auch Deutschland erkannt – spät, aber vielleicht nicht zu spät.

INSZENIERUNGEN DER MACHT − VON BUSH UND BLAIR BIS ERDOĞAN

Als CEO eines internationalen Medienunternehmens wie Axel Springer habe ich im Laufe der Jahre viele Politiker getroffen. Demokratische und weniger demokratische. Ich habe immer wieder Gespräche mit Helmut Kohl, Gerhard Schröder, Angela Merkel und Olaf Scholz geführt. Und mit Ausnahme von Donald Trump habe ich jeden ehemaligen amerikanischen Präsidenten der letzten dreieinhalb Jahrzehnte getroffen, angefangen mit George H. W. Bush.

Der überraschendste Termin mit einem Staatschef, den ich je hatte, war ein Besuch bei seinem Sohn, George Bush junior. Henry Kissinger hatte mich gefragt, ob ich ihn mal treffen wolle. Meine Sekretärin solle meine nächsten USA-Reisetermine durchgeben. Was sie tat, inklusive meines nächsten Besuchs eines Time-Warner-Board-Meetings zwei Tage später. Ich war gerade an der französischen Atlantikküste, als ich am Abend desselben Tages eine E-Mail des Weißen Hauses bekam: Der Präsident würde sich freuen, mich übermorgen im Oval Office zu treffen. Ich war nicht nur sprachlos angesichts der Geschwindigkeit der Terminfindung. Ich war − in der tiefsten französischen Provinz − vor allem logistisch überfordert. Erstens gab es keine Umsteigeverbindung, die mich noch rechtzeitig nach Washington bringen würde. Außerdem war ich mit meinem elfjährigen Sohn unterwegs und hatte ihm versprochen, dass er diesmal mit nach New York reisen dürfte.

In einer Nacht-und-Nebel-Aktion organisiert mein Büro ein Privatflugzeug, das uns am nächsten Tag auf der Piste des Provinzflughafens von Angoulême-Cognac abholt und neun Stunden später in Washington absetzt. Auf dem Weg vom Flughafen ins Weiße Haus rufe ich die Sekretärin des Präsidenten an und frage, wo ich während des Termins meinen Sohn lassen könne. Bring ihn mit, sagt sie freundlich, er kann bei mir bleiben und wir unterhalten uns dann etwas über Basketball.

Im Oval Office angekommen, geht alles ganz schnell. Plötzlich sitze ich im berühmtesten Büro der Welt. Auf einem Sofa. Gegenüber des 42. Präsidenten der Vereinigten Staaten von Amerika, mit ihm im Raum zwei Damen mit Notizblöcken. „Brauchen wir Protokollantinnen?", fragt Bush mich und kneift die Augen zu schmalen Schlitzen zusammen. Ich schüttele den Kopf. „Ihr könnt gehen, ihr habt jetzt Pause", sagt er lachend. Wir unterhalten uns dann eine halbe Stunde völlig alleine über den nächsten amerikanischen Wahlkampf, zu meiner Überraschung ist Bush recht überzeugt, dass Hillary Clinton seine Nachfolgerin werden wird: „Und sie wird das gar nicht schlecht machen, glaube ich, mit mehr Kontinuität in der Außenpolitik, als viele jetzt denken." George Bush ist überraschend locker, zugänglich, überhaupt nicht distanziert, ganz anders als erwartet von schneller Intelligenz und blitzendem Humor. Was mich am meisten überrascht, ist seine Ehrlichkeit und seine verblüffende Bereitschaft zur Selbstkritik. Wie er mit der anhaltenden Medienkritik persönlich zurechtkäme, ohne verbittert zu werden, frage ich. Seine Antwort ist sinngemäß: Ich werde kritisiert, weil wir im Irak Fehler gemacht haben. Das muss ich mir ankreiden. Das kann ich doch nicht den Journalisten vorwerfen. Nach einer halben Stunde sagt er: „So, jetzt machen wir noch ein Foto mit deinem Sohn. Und dann muss ich weiter."

Nie in meinem Berufsleben hatte ich ein medial erzeugtes Bild von einer Person im Kopf, das so scharf mit dem Eindruck der direkten Begegnung kontrastierte. Ich traf einen Präsidenten, der zugab, dass der Irak-Krieg auf falschen Annahmen beruhte, einen Präsidenten, der im Namen eines Krieges gegen den Terror die individuellen Freiheiten eingeschränkt hatte, und einen Präsidenten, der von den Medien für seinen schlampigen Kommunikationsstil verspottet wurde. Der Präsident, den ich traf, war das Antiklischee des Präsidenten, den ich schon ziemlich gut zu kennen glaubte. Und nie zuvor und nie danach habe ich einen Spitzenpolitiker getroffen, der sich so authentisch, bodenständig und ohne Allüren in der Rolle des gewählten Volksvertreters genügte. Hier sprach kein narzisstischer Machtmensch, sondern ein Diener der Demokratie.

Etwas Vergleichbares hatte ich nur einige Jahre zuvor, am 9. Juli 2004, bei einem Gespräch in der Downing Street No. 10 zum Besuch *bei Tony Blair erlebt. Axel Springer war gerade in einem fortgeschrittenen Bieterwettbewerb um die britische Traditionszeitung Daily Telegraph. Es erschien uns sinnvoll, beizeiten einmal beim britischen Premierminister vorzusprechen, um ein Gefühl dafür zu bekommen, ob ein deutscher Eigentümer im Vereinigten Königreich gegebenenfalls mit politischem Widerstand zu rechnen hätte.*

No. 10 – wie Engländer ihren Regierungssitz nennen – ist das Gegenteil eines imposanten oder luxuriösen Hauses. Man geht durch die Eingangstür wie zum Besuch beim Nachbarn um die Ecke. Die Wände sind nicht frisch verputzt, hier und da stecken noch alte Nägel in der Tapete von Bildern, die früher mal da hingen. Alles, die Möbel, die funzeligen Lampen, hat einen stilvoll-schäbigen Charme, der zwei Botschaften ausstrahlt: 1. Wir pflegen Traditionen. 2. Wir verschwenden nicht euer Steuergeld. Dazu passt es, dass der Premierminister, als ich sein Büro betrete, im blauen Hemd hinter dem Schreibtisch sitzt, beide Ärmel hochgekrempelt. Der Gast wird aufgefordert, auch sein Jackett auszuziehen. Hier werden nicht Abstand und Autorität kultiviert, sondern Nähe. Keine Inszenierung der Macht. Eher eine Inszenierung der Machtlosigkeit. Bürgerlichkeit als Prinzip. Der eine Souverän, der Staat, tritt dem anderen Souverän, dem Bürger, auf Augenhöhe gegenüber.

Wir plaudern über deutsche Innenpolitik, englische Medien, Blair macht Witze über Journalisten, die ihn als Pudel verspotten, und erzählt, was ihn am meisten an der englischen Boulevardpresse ärgert. Aber so sei das nun mal hierzulande. Gegen Ende des Gesprächs versuche ich das Thema auf meine entscheidende Frage zu lenken: Ob wir hier willkommen seien? Ob er politische Widerstände erwarte? Der Premierminister erklärt sich jedes Mal für unzuständig. Politik sei unberechenbar und die Parteienlandschaft vielfältig. Er persönlich würde einen deutschen Eigentümer begrüßen, aber Ärger könne es dennoch geben. Da könne er gar nichts sagen, das wisse er nun gar nicht, die politischen Kräfte seien in England glücklicherweise völlig unberechenbar. Das Gespräch geht freundlich und auf angenehmste Weise ergebnislos zu Ende. Als ein paar Wochen spä-

ter ein anderer Bieter einen viel höheren Preis bietet und wir beim Telegraph nicht zum Zuge kommen, bedaure ich das. In England hätten wir uns wohlgefühlt.

In keinem Land waren unsere Erlebnisse so widersprüchlich wie in der Türkei. Aydın Doğan war einmal der größte türkische Medienunternehmer. Zu seinem Imperium gehörten die einflussreichste türkische Tageszeitung Hürriyet, die größte türkische Tageszeitung Posta, der einflussreichste politische Fernsehsender CNN Türk, der private Fernsehsender Kanal D und viele andere Medien, außerdem ein Konglomerat an Firmen und Firmenbeteiligungen. Wir kennen uns lange, auch weil sein Unternehmen eine Druckerei in Deutschland betrieb, die viele Jahre lang einige unserer Zeitungen druckte. Doğan war ein verlässlicher Partner. Die Doğan-Mediengruppe und ihr Besitzer beeindruckten mich auch deshalb, weil ihre Redaktionen eine konsequente Trennung von Religion und Staat propagierten und – ganz in der Tradition des früheren türkischen Staatspräsidenten Atatürk – eine moderne, gemäßigte Form des Islam. Seine Medien ermutigten ihre Leser und Zuschauer zu einem freien Lebensstil, das Kopftuch für Frauen galt ihnen dabei als Symbol der Unterdrückung. Der Verlag stand für die moderne Türkei.

Doğan war wirtschaftlich erfolgreich, die Werte des Verlags deckten sich mit unseren und beide Häuser hatten große Ambitionen. Also überlegten wir seit 2003 immer wieder, größere Wachstumsschritte zusammen zu unternehmen. Eine Minderheitsbeteiligung von Axel Springer an Doğan – so dachten wir – könnte ein erster Schritt sein.

Ermutigt wurden wir dabei ausdrücklich von der türkischen Regierung. Der seit 2003 amtierende Ministerpräsident Recep Tayyip Erdoğan bestärkte uns immer wieder dabei. Dreimal traf ich den als Reformer geltenden neuen starken Mann der Türkei. Mal in einem 80er-Jahre-Hotel in Istanbul, wo wir über die deutsch-türkische Freundschaft und Erdoğans Blutdruckprobleme sprachen. Dann wieder heimlich im Regierungsgebäude, das ich zusammen mit meinen Kollegen durch den Hintereingang betreten musste. Erdoğan galt als Modernisierer, als einer, der traditioneller redet, als er denkt, und vor allem als enger Freund Aydın Doğans. Er befürwortete ein Investment Axel Springers in der Türkei von Herzen. Er engagierte sich sehr und versuchte uns zu dieser Partnerschaft geradezu zu überreden.

Höhepunkt der Charmeoffensive ist ein Treffen am 10. März 2005 am Flughafen von Ankara. Das Treffen sei von höchster Priorität für den türkischen Ministerpräsidenten und es könne nur dann und nur da stattfinden. Ich bin gern bereit, dem nachzukommen. Schließlich geht es um ein Investment von ein paar Hundert Millionen Euro. Und es geht um die Frage kartellrechtlicher Hürden, da nach bisherigem Gesetz für Ausländer nur bis zu 25 Prozent Beteiligungen erlaubt sind. Eine Gesetzesänderung ist allerdings im Gespräch.

In einer speziellen Lounge des Flughafens empfängt Erdoğan mit großer Entourage. Mir ist aus diesem Gespräch nur eine Szene bildhaft in Erinnerung. Es gibt Unsicherheit über die Auslegung des geltenden Rechts. Unsere Juristen haben Zweifel, was die Genehmigungsfähigkeit des Deals betrifft. Der Ministerpräsident hört sich den Sachverhalt an und zückt sofort sein Handy. Mehrere Anrufe, laute Stimme, ausgreifende Gesten. Nach zehn Minuten ist die Sache geregelt. Machen Sie sich keine Sorgen, sagt er. Es wird keine Probleme geben. Kein Zweifel, hier ist der Chef selbst zuständig. Ich bin einerseits beeindruckt von dem Engagement und der Geschwindigkeit. Aber doch auch etwas skeptisch, was die Verlässlichkeit solcher Wendungen betrifft. Nicht zuletzt deshalb vereinbaren wir bei dem in Schritten vollzogenen Kauf unserer Anteile eine sogenannte Wertsicherungs-Garantie. Nie könnte der Wert unserer Anteile unter den Einstiegspreis sinken, abgesichert durch eine Bankgarantie.

Durch diese Klausel haben wir in der Türkei den Verlust dreistelliger Millionenbeträge verhindert. Denn das herzliche Verhältnis zwischen Ministerpräsident und später Staatspräsident Erdoğan und dem Medienunternehmer Doğan verschlechterte sich aus unerklärlichen Gründen. Vielleicht, weil der türkische Eigentümer und sein deutscher Partner das mit der redaktionellen Unabhängigkeit auch in der Türkei ernst nahmen? Aus dem anfänglichen Liberalisierer Erdoğan war ein immer weniger demokratischer Hardliner geworden. Jahrelanger Rechtsstreit folgte. Ein angebliches Steuervergehen führte zu einer ruinösen Strafe von über zweieinhalb Milliarden Dollar für Aydın Doğan. Im März 2014 wurde ein Telefongespräch veröffentlicht, bei dem Erdoğan seinen Justizminister anwies, für ein hartes Gerichtsurteil gegen Doğan zu sorgen.

Ich lernte damals für immer, dass es kein gutes Zeichen ist, wenn Staatschefs einem unter allen Umständen helfen wollen. Und dass es besser ist, wenn Politiker erklären, dass sie nicht zuständig sind. Und sich auch wirklich nicht zuständig fühlen.

Es wirkt wie ein ironisches Postskriptum, dass ausgerechnet Erdoğan es war, der mich in Deutschland in zwei Instanzen verklagte – und verlor, weil ich für einen deutschen Satiriker Partei ergriff, der den türkischen Präsidenten beleidigt hatte. Es ging um das Recht und die Freiheit von Satire. Die in einer Demokratie auch ein Autokrat aus der Türkei nicht infrage stellen oder einschränken kann.

In meinen Gesprächen mit demokratischen Politikern im Laufe der Jahre war der Wunsch, die Grenzen ihrer Macht zu unterstreichen, ein gemeinsames Merkmal. „Es ist nett, dass Sie fragen, aber ich fürchte, ich kann Ihnen da nicht helfen." Autokraten hingegen zeichnen sich durch den ständigen Wunsch aus, ihre Macht zu demonstrieren. Die stolze Demonstration der einzigartigen und ultimativen Autorität des Führers ist das Markenzeichen des Despoten. Autokraten prahlen mit ihrer Stärke, Demokraten zeigen Understatement – als Beweis für den Respekt vor den Institutionen der Demokratie.

TEIL 2

DAS PROBLEM:
FREIHEIT IST ZERBRECHLICH

DER SCHWÄCHERE GIBT NACH – AUTOKRATIEN UND DIKTATUREN IM AUFSCHWUNG

Während sich demokratische Länder selbst und von innen schwächen, entweder durch raubeinige Populisten oder führungsschwache, opportunistische Regierungen des Zentrums, werden Autokratien und lupenreine Diktaturen seit Jahren immer stärker. Zum Teil durch wirtschaftlichen Erfolg, zum Teil durch immer hemmungslosere Unterdrückung des eigenen Volkes und immer ruchlosere Gesten der Intoleranz. Zum Teil aber auch durch beides gleichzeitig. Am Anfang und im Zentrum steht immer die Meinungsfreiheit – die Freiheit der Medien. Die Einschränkung der Pressefreiheit bleibt immer noch der sicherste Indikator für die beginnende oder fortgeschrittene Unfreiheitlichkeit eines Landes. Die Erosion der Meinungsfreiheit, des Rechtsstaats und die Nichtbeachtung der Menschenrechte verlaufen meist recht parallel, aber in dieser Reihenfolge leicht verzögert hintereinander. Die Kulmination ist schließlich die unrechtmäßige Verhaftung von Journalisten oder Regimekritikern. Der Fall von Evan Gershkovich ist nur der jüngste in einer langen Liste von zu Unrecht inhaftierten Journalisten. Der Reporter des *Wall Street Journal* wurde Ende März 2023 in Russland unter dem Vorwurf der Spionage inhaftiert – als erster amerikanischer Journalist seit dem Ende des Kalten Krieges.

Ob Russland oder China, die Türkei oder Weißrussland, Katar oder Saudi-Arabien, Syrien, Afghanistan oder der Iran: Diskriminierung, Homophobie, Verletzung von Frauenrechten und aggressive Niederschlagung der Opposition nehmen in all diesen Ländern zu. Die Unterdrückung freier Medien in autokratischen oder totalitären Staaten sorgt dafür, dass Missstände nicht aufgedeckt werden. Die Meinungs- und Medienfreiheit nimmt weltweit erheblich ab. Unabhängiger Journalismus ist laut der Organisation „Reporter ohne Grenzen" in 73 von 180 untersuchten Ländern weitgehend oder vollständig blockiert und in 55 anderen Ländern ernsthaft behindert. Demnach ist die Pressefreiheit in fast drei Vierteln der Länder der Welt zumindest deutlich eingeschränkt. Anfang Dezember 2022 saßen laut Committee to Protect Journalists insgesamt 367 Journalisten weltweit im Gefängnis. Das sind deutlich mehr als in den vergangenen Jahren, sogar der höchste Wert seit der Jahrtausendwende. Damals waren es 92 Reporter. An der Spitze der düsteren Rangliste steht der Iran mit 62 inhaftierten Journalisten. Dahinter folgen China (43), Myanmar (42), die Türkei (40) und Weißrussland (26). Die „Verbrechen", derer sie beschuldigt wurden, sind im Grunde meistens unabhängige Berichterstattung und Kritik an der Regierung.

Und die Methoden werden immer skrupelloser. Am 23. Mai 2021 wurde ein Ryanair-Flug von Athen nach Vilnius wegen einer angeblichen Bombe an Bord zur Notlandung in Weißrussland gezwungen. Auf Anordnung des weißrussischen Diktators Alexander Lukaschenko begleiteten Kampfflugzeuge die Passagiermaschine zu Boden. An Bord waren der weißrussische Journalist Raman Pratassewitsch und seine russische Freundin Sofja Sapega. Beide wurden nach der Landung festgenommen. Pratassewitsch hatte sich jahrelang immer wieder kritisch gegenüber dem weißrussischen Regime geäußert, unter anderem als Chefredakteur des Nachrichtenkanals *Nexta*, aber auch als unabhängiger Blogger mit schnell wachsender Reichweite. Der Verbleib von Pratassewitsch und Sapega war zunächst unklar. Erst einen Tag später veröffentlichen weißrussische Staatsmedien ein Video von Pratassewitsch, in dem er erklärte, dass es ihm gut gehe und man ihn gut behandele. Auf dem Video sind dunkle Flecken auf seinem Gesicht zu erkennen. Trotz weiterer Videos von Pratassewitsch, in denen er seine Unversehrtheit bescheinigt und das Regime lobt, gehen Beobachter davon aus, dass er gefoltert und vor der Kamera zu einem Geständnis gezwungen wurde. Er wurde im Juni 2021 unter Hausarrest gestellt und offenbar ein halbes Jahr später wieder freigelassen. Er bekannte sich schuldig, wurde in einem „Prozess" im Jahr 2023 zu acht Jahren Haft verurteilt und kurz darauf von Lukaschenko selbst begnadigt.

Der Fall markiert auch deshalb eine neue Dimension der aggressiven Unterdrückung von Meinungsfreiheit und Menschenrechten, weil Pratassewitsch nicht festgenommen wurde, als er in Weißrussland einreiste, sondern als er Weißrussland lediglich überflog. Das bedeutet: Kritische Journalisten, Bürgerrechtler und Regimegegner müssen künftig nicht nur genau überlegen, welche Länder sie bereisen. Wer über den Mittleren Osten fliegt, muss demnächst vielleicht zittern, wenn das Flugzeug saudi-arabischen Luftraum betritt. Das Muster, um das es Lukaschenko und anderen Autokraten hier geht, ist neben der Unterdrückung unwillkommener Informationen und Meinungen immer vor allem auch diese Einschüchterung. Angst bleibt seit Jahrhunderten einer der effizientesten Machtstabilisatoren totalitärer Regime.

Nicht mal um einen guten Anschein bemüht ist Nordkorea – die archaische Diktatur schlechthin. Menschenrechte oder Presse- und Meinungsfreiheit werden hier fundamental negiert. Seit Jahrzehnten hungert die kommunistische Führung das eigene Volk aus. Regelmäßig wird die demokratische Welt mit Atomtests provoziert. Menschenrechtsverbrechen gegen das eigene Volk finden kaum noch Aufmerksamkeit. Nur wenn Ausländer betroffen sind, schaut die Welt gelegentlich noch hin. Zuletzt sorgte der Fall Otto Warmbier international für eine Welle der Entrüstung. Der amerikanische Student wurde Anfang 2016 am Flughafen in Pjöngjang festgenommen, weil er versucht haben soll, ein Propagandaplakat zu stehlen. In einer Pressekonferenz gab er die Tat zu. Schwer vorstellbar, dass dieses

Eingeständnis freiwillig geschah. Für diesen „Diebstahl" wurde Warmbier zu 15 Jahren Arbeitslager verurteilt. Im Juni 2017 wurde Warmbier im Wachkoma liegend in die USA überführt. Wenige Tage später starb der 22-Jährige an schweren Hirnverletzungen. In Nordkorea habe er sich eine Lebensmittelvergiftung zugezogen und eine Behandlung mit Schlaftabletten nicht vertragen – so die offizielle Begründung. Warmbiers Eltern lehnten eine Obduktion ab. Seither kämpft das tapfere Ehepaar für die internationale Achtung von Menschenrechten.

Als Schurkenstaat steht der Iran Nordkorea nur wenig nach. Seitdem die Mullahs die Macht Ende der 70er-Jahre übernommen haben, hat sich das Land von jeglichen demokratischen Werten verabschiedet und politisch weitgehend isoliert. Frauenrechte sind quasi nicht existent und wer nicht nach den Vorstellungen des Regimes lebt, muss den Tod fürchten. Im September 2022 wurde eine 22-jährige Frau von der „Moralpolizei" totgeprügelt, weil sie ihr Kopftuch nicht korrekt trug. Sie starb noch während sie in Polizeigewahrsam war. Der Tod von Mahsa Amini führte zu landesweiten Protesten, die auch weltweite Solidarität auslösten. Als Zeichen ihrer Wut gegen das Mullah-Regime verbrannten Frauen ihre Kopftücher und schnitten sich die Haare ab.

2016 wurde der iranisch-schwedische Wissenschaftler Ahmadreza Djalali im Iran verhaftet und ein Jahr später zum Tod durch Erhängen verurteilt. Ihm wurde vorgeworfen, Informationen des iranischen Atomprogramms an Israel weitergegeben zu haben. Als Beweis dienten Fotos, die Djalali angeblich mit israelischen Spionen zeigen. Tatsächlich waren es wohl italienische Ärzte. Über Jahre hinweg wachte Djalali jeden Morgen mit dem Wissen auf, dass er an diesem Tag hingerichtet werden könnte. Seine Ehefrau und seine Kinder kämpften verzweifelt für seine Freilassung. Menschenrechtsorganisationen sprachen von einem rein politisch motivierten Verfahren. Der Iran wolle einen in Schweden inhaftierten Agenten freipressen.

Ein weiteres prominentes Opfer des Iran ist Schriftsteller Salman Rushdie. Er wurde am 12. August 2022 von einem Emigranten aus dem Libanon bei einer Lesung in Chautauqua im Bundesstaat New

York niedergestochen. Schwerverletzt kam Rushdie ins Krankenhaus und überlebte – verlor aber beinahe ein Auge. Es war der Höhepunkt einer unvergleichlichen Hetzjagd auf den indisch-britischen Schriftsteller. „Hiermit informiere ich die stolzen Muslime der Welt, dass der Autor des Buches „Die Satanischen Verse", das gegen den Islam, den Propheten und den Koran gerichtet ist, und alle an seiner Veröffentlichung Beteiligten, denen sein Inhalt bekannt war, zum Tode verurteilt sind. Ich fordere die tapferen Muslime auf, sie unverzüglich zu töten, wo immer sie sie finden, damit es niemand mehr wagt, die heiligen Glaubensgrundsätze der Muslime zu beleidigen. Wer immer bei dem Bemühen, sie umzubringen, stirbt, wird Märtyrer werden, so Gott will." Mit diesen Worten rief das Oberhaupt des Iran, Ayatollah Ruhollah Khomeini, 1989 zur Tötung des indisch-britischen Schriftstellers auf, nachdem dieser das Buch „Die Satanischen Verse" veröffentlicht hatte. Nach Ansicht radikaler Muslime beleidigt das Buch den Propheten Mohammed. Es wurde sogar ein Kopfgeld vom Iran ausgesetzt. Mehr als 3,9 Millionen Dollar ist Rushdies Tod wert. 3,3 Millionen von der staatlichen „15 Khordad Foundation", weitere 600.000 Dollar von einem Konsortium aus 40 staatlichen iranischen Nachrichtenagenturen. 2007 kam es zu heftigen Protesten im Iran und Pakistan, als Salman Rushdie von der Queen zum Ritter geschlagen wurde. Ein pakistanischer Minister sagte, die Ehrung rechtfertige Selbstmordattentate. *Kayhan*, eine regimenahe Zeitung, deren Chefredakteur vom Staatsoberhaupt persönlich ausgesucht wird, lobte nach dem Attentat im August 2022 „die mutige und pflichtbewusste Person, die den abtrünnigen und bösen Salman Rushdie in New York angegriffen hat. [...] Die Hand des Mannes, der dem Feind Gottes den Hals umgedreht hat, muss geküsst werden." Andere Überschriften lauteten „Satan auf dem Weg zur Hölle", „Messer im Nacken von Salman Rushdie" oder man sprach von einem von Ayatollah Khomeini abgeschossenen „Pfeil", der eines Tages das Ziel treffen werde.

Ein totalitäres Regime, das auf mehreren Ebenen – Energie, Sicherheit, Geheimdienste – mit den USA verbunden ist, ist Saudi-Arabien. Diese Verbindungen sind verständlich und vernünftig, wenn es um die Unterstützung und das Existenzrecht des Staates Israel geht. Sie sind aber auch erstaunlich und vielleicht gefährlich, denn politisch und kulturell neigt Saudi-Arabien immer mehr zu China. Während Kronprinz Mohammed bin Salman die Biden-Regierung kritisiert, eifert er Xi Jinpings Taktik nach: Er unterdrückt politischen Dissens, konzentriert sich auf Wirtschaftswachstum und verfolgt eine taktisch-eigennützige Außenpolitik. China ist bereits zum wichtigsten strategischen Partner für Saudi-Arabien geworden, da es der größte Handelspartner für saudisches Öl ist. Und diese strategische Bedeutung spiegelt sich auch in der Tatsache wider, dass Sekundarschulen begonnen haben, Chinesisch zu unterrichten. Dennoch intensiviert Amerika seine freundschaftlichen Beziehungen zu Saudi-Arabien, man folgt dem Prinzip, dass der Feind unseres Feindes (Iran und andere) unser Freund ist (und ignoriert dabei, dass er auch der Freund eines noch größeren Feindes ist). Man genießt die vielleicht zu pragmatischen Vorteile, die diese Beziehung wirtschaftlich und im Hinblick auf die Zusammenarbeit der Geheimdienste, die Sicherheitspolitik und die Außenpolitik im Nahen Osten bietet. Und das, obwohl diese Politik sich mehrfach als falsch erwiesen hat: mit dem Iran und dem Irak und einer Reihe anderer befreundeter Feinde und falscher Freunde. Eine Politik, die eine Zusammenarbeit auf strategischer Ebene zum Schutz Israels ermöglicht, bleibt wünschenswert. Eine Handelspolitik, die in bestimmten Bereichen zu Abhängigkeiten führt, erscheint in vielerlei Hinsicht und in einem sehr konkreten Sinne gefährlich.

Zum weltweit berühmtesten Symbol brutalster Menschenrechtsverbrechen zum Zwecke medialer Einschüchterung wurde der Fall Jamal Kashoggi. Der Auslandskorrespondent, der unter anderem für die *Washington Post* tätig war, wurde bei einem beispiellosen Anschlag im saudischen Konsulat in Istanbul ermordet, als er Dokumente für seine Hochzeit abholen wollte. Eine UN-Untersuchung kommt zu dem Schluss, dass es sich um einen vom saudi-arabischen Staat organisierten Mord handelt. Durch diesen Bericht wissen wir auch, wie minutiös und perfide die Tötung Kashoggis am 2. Oktober 2018 geplant wurde. Ein 15-köpfiges Mordkommando, das zum Teil mit einem Privatjet angereist war, forderte an diesem Morgen die Mitarbeiter auf, das Konsulat zu verlassen. Auf Überwachungsvideos sieht man, wie ahnungslos Kashoggi das Gebäude betritt. Die Tonaufnahmen, die das Folgende beschreiben, sind kaum auszuhalten. Nach einem grausamen Todeskampf wurde der Körper des Ermordeten vermutlich zerteilt. Der ganze Vorgang erinnert eher an eine Ritualschlachtung – die Mörder agierten wie Metzger, kühl und ungewöhnlich grausam. Kurz darauf verließen mehrere Fahrzeuge das Konsulat. Bis heute ist der Verbleib von Khashoggis Überresten unklar. Nach langem Abstreiten gibt Saudi-Arabien die Ermordung schließlich am 19. Oktober zu. Echte Folgen für das Regime des Golfstaats hat der Fall nicht.

Gleichzeitig versucht Saudi-Arabien, von der Verletzung grundlegender Menschenrechte abzulenken, indem es massiv in der westlichen Welt investiert, zum Beispiel in den in Europa so beliebten Fußball. Während es nach der Ermordung Khashoggis nur wenige kleine Demonstrationen und Proteste gab, gingen in England Tausende von Fans auf die Straße, um die Übernahme des Vereins Newcastle United in Scheich-Kostümen zu feiern. Sportswashing funktioniert.

Homosexualität ist in Saudi-Arabien ein Verbrechen, das mit Peitschenhieben, Gefängnis oder sogar der Todesstrafe geahndet wird. Ein „Ausschuss für die Verbreitung der Tugend und Verhinderung von Lastern", eine Art Religionspolizei, überwacht das Sozialleben, die islamische Religionspolizei ist auf Straßen und in Häusern ebenso aktiv wie im Internet.

In rund 65 Staaten wird gleichgeschlechtliche Sexualität noch strafrechtlich verfolgt, in zwölf Ländern droht für dieses „Vergehen" die Todesstrafe.

Wir optimieren in Amerika und Europa die letzten Nuancen der Pronomen-Sensibilität, um keine sexuelle Identität auszugrenzen, in fast jedem Unternehmen gibt es Diversity-Beauftragte, die sich den Zielen der LGBTQIA+-Bewegung widmen. Wir diskutieren, ob eine Führungskraft noch haltbar ist, wenn sie bei einem öffentlichen Auftritt in der Anrede eine Minorität vergessen hat. Und gleichzeitig machen wir fröhlich Geschäfte mit Ländern, in denen man umgebracht wird, weil man schwul ist.

Autokratien und Diktaturen sind weltweit in der Offensive, zentristische Demokratien und offene Gesellschaften in der Defensive. Schwache Politiker der Mitte und starke, skrupellose Populisten haben eine tiefe Krise der Werte der demokratischen Welt bewirkt. Und ein Kulturkampf der „Woke"-Bewegung setzt im Namen einer guten Absicht und hehrer humanitärer Ziele immer intolerantere Methoden durch. Ein Bildersturm wie im Mittelalter, ein Machtkampf wie in der Französischen Revolution sowie Denk- und Sprachverbote wie in Diktaturen der jüngeren europäischen Vergangenheit sind die freiheitsfeindlichen Folgen. Während die Verbrechen der Sklaverei endlich historisch aufgearbeitet werden, begibt sich die Demokratie in eine neue Versklavung. Es ist die Versklavung des freien Geistes gegenüber autoritären Denkmustern – und damit langfristig die Kapitulation offener Gesellschaften gegenüber autoritären Regimen.

Diese Versklavung geschieht von unten und von oben.

Von unten wirkt eine Menschenrechts- und Bürgerbewegung, die in ihrem der Toleranz gewidmeten Kulturkampf auf höchst intolerante Weise nicht nur die Umwertung aller Werte betreibt. Sondern auch sehr durchschaubar archaische Machtpolitik. Die Fleischtöpfe von Privilegien, Wohlstand und Macht sollen jetzt eben anders verteilt werden. Minderheiten wollen selbst und alleine bestimmen, wann und durch wen sie diskriminiert werden. Das subjektive Diskriminierungsgefühl ist ein Machtfaktor. Strafen und Belohnungen werden von den Betroffenen – selbsterklärten Opfern – eigenmächtig verteilt. Wie so oft schwingt das Pendel nach Jahrhunderten inhumaner Mehrheitspatriarchate nun zu weit in Richtung eines ebenso intoleranten Minderheiten-Machtmissbrauchs.

Von oben wirkt der Aufstieg des starken autoritären Anführers. Von Parteichef Xi Jinping in China bis Wladimir Putin in Russland, von Bashar al-Assad in Syrien bis Kim Jong Un in Nordkorea setzen Diktatoren ihre Pläne rücksichtslos um. Von Erdoğan in der Türkei bis Ahmadinejad, Rohani oder jetzt Raisi im Iran spielen Autokraten mit der naiven westlichen Welt Katz und Maus. Und in Ungarn und anderen Ländern treiben Populisten ihre EU-Partner vor sich her, bestärkt von den eher clownesken Einlagen, die zeitweise die Staatschefs zweier der wichtigsten und am stärksten gefestigten Demokratien der Welt boten: Großbritannien und die USA. Selbst in Israel, dem Brückenkopf der Demokratie im Nahen Osten, hat eine geplante Justizreform dem Ruf und der Glaubwürdigkeit eines auf Regeln basierenden Systems geschadet. Weltweit ist nur ein Trend erkennbar: der Aufstieg des autoritären Entschlossenheitspolitikers.

Gideon Rachman hat das in seinem Buch „The Age of The Strongman" so zusammengefasst: „Seit dem Jahr 2000 ist der Aufstieg des starken Führers zu einem zentralen Merkmal der Weltpolitik geworden. In so unterschiedlichen Hauptstädten wie Moskau, Peking, Delhi, Ankara, Budapest, Warschau, Manila, Riad und Brasilia sind selbsternannte ‚starke Männer' (und bisher sind es nur Männer) an die Macht gekommen. Typischerweise sind diese Führer Nationalisten und Kulturkonservative, die wenig Toleranz für Minderheiten, abweichende Meinungen oder die Interessen von Ausländern zeigen. Zu Hause behaupten sie, für den einfachen Mann gegen die ‚globalistischen' Eliten einzutreten. Im Ausland posieren sie als die Verkörperung ihrer Nationen. Und überall, wo sie hinkommen, fördern sie einen Personenkult."

Angst ist das Druckmittel der „Strongmen" und also das Machtmittel der Stunde. Angst war auch der politische Hebel in der Bekämpfung der Corona-Pandemie. Gesundheit und Sicherheit sind immer schon die Versprechen autoritärer Regime gewesen. Sie werden nun zu Verheißungen auch offener Gesellschaften, die für mehr Sicherheit und Gesundheit immer mehr als selbstverständlich erachtete Freiheiten zu opfern bereit sind. Die Unfreiheit kommt von außen, von oben, aber eben auch von innen und von unten. Und die Stärke eines autoritären Führungstypus hat natürlich immer auch mit der Schwäche seiner Counterparts aus den etablierten Institutionen des demokratischen Systems zu tun. Ein jahrzehntelanger Niedergang in der Qualität, in der Authentizität und der Führungsstärke konventioneller Politiker der großen Volksparteien hat diese Entwicklung erst ermöglicht.

Wie Brandbeschleuniger wirken sich in dieser Situation die beiden größten Herausforderungen unserer Zeit aus: die neue Rolle Chinas als Weltmacht, die nicht nur wirtschaftliche Dominanz, sondern auch politischen Einfluss ausüben wird. Und die Konsequenzen des Klimawandels, der nicht nur Völkerwanderungen und gesellschaftliche Verschiebungen bewirken kann, sondern auch eine von innen betriebene Erosion der Freiheit.

Rachman kommt in seinem Buch zu einem optimistischen Fazit, was die Zukunft der Demokratie betrifft: „Demokratische Systeme haben trotz all ihrer Schwächen Institutionen und Gesetze, die das entscheidende und heikle Problem der Nachfolge regeln. Dauerhafte politische Systeme beruhen letztlich auf Institutionen, nicht auf Einzelpersonen. Und erfolgreiche Gesellschaften beruhen auf Gesetzen und nicht auf charismatischer Führung. Aus all diesen Gründen ist die Herrschaft eines starken Mannes eine von Natur aus fehlerhafte und instabile Regierungsform. Sie wird in China und in den meisten anderen Ländern, in denen sie ausprobiert wird, letztendlich zusammenbrechen. Aber es kann noch viel Aufruhr und Leid geben, bevor das Zeitalter des starken Mannes endgültig der Geschichte angehört." Er mag recht haben. Aber von selbst wird dieser Zustand nicht eintreten. Um die von ihm erwähnten Unruhen und Leiden so kurz und gering wie möglich zu halten, braucht es entschlossenes Handeln und mutige Konzepte.

In der Vergangenheit haben die Wirtschaftsführer nicht auf den notwendigen Wandel gedrängt, sondern ihn meist vereitelt. Zu viele kümmerten sich zu wenig um die politischen Konsequenzen. Das ändert sich, wenn die Dinge vom Politischen zum Persönlichen übergehen.

Leider verändert sich die Haltung vieler Wirtschaftsmanager, die Geschäfte mit Diktatoren verteidigen, oft erst, wenn sie selbst plötzlich existenziellen Risiken und Bedrohungen ausgesetzt sind. Was das Fehlen von Rechtsstaatlichkeit bedeutet, bleibt eine abstrakte Vorstellung, bis man es selbst erlebt hat. Führungskräfte, die sich früher über Kollegen lustig gemacht haben, die Ängste vor autokratischen Regimen geäußert haben, ändern ihren Ton und ihr Handeln schnell, wenn sie selbst einen Fall erlebt oder miterlebt haben – ein Kollege, der erschossen wurde, ein Freund, der entführt wurde, ein Familienmitglied, das ohne Gerichtsverfahren oder juristische Begründung zu einer Gefängnisstrafe verurteilt wurde.

Eine Möglichkeit, sich eine eigene Erfahrung dieser Art zu ersparen, ist das Buch „Red Notice" von Bill Browder, in dem der Autor seine eigene Geschichte erzählt. Um die Jahrtausendwende war Browder einige Jahre lang ein sehr erfolgreicher Fondsmanager in Russland, der scheinbar vom System profitierte. Nach einem erfolgreichen Start wurde er – auch im eigenen wirtschaftlichen Interesse – zum lautstarken Aktivisten gegen Korruption politischer und wirtschaftlicher Eliten in Russland, bis er eines Tages im Jahr 2005 vom russischen Zoll ohne Grund festgenommen und nach einem Tag existenzieller Ängste aus Russland ausgewiesen und nach London zurückgeschickt wurde. Browder begann sich in der Folge systematisch gegen Korruption und für Menschenrechte in Russland und anderswo einzusetzen. Im Jahr 2009 wurde einer seiner Anwälte, Sergei Magnitsky, in einem russischen Gefängnis gefoltert und ermordet. Diese traumatische Erfahrung verwandelte den ehemaligen „Pragmatiker" und größten ausländischen Investor in Russland endgültig in einen rastlosen Menschenrechtsaktivisten, der seitdem die US-Gesetzgebung zur Bekämpfung von Menschenrechtsverletzungen verändert hat.

Vielleicht ist das die klarere Botschaft für opportunistische Manager: Geschäfte in nicht demokratischen Ländern können tödlich sein.

FÜR DIE PRESSEFREIHEIT IM GEFÄNGNIS

Immer wieder gab es bei uns im Axel Springer Verlag Diskussionen, ob es eigentlich eine gute Idee sei, dass unser Korrespondent Deniz Yücel, der für die WELT aus der Türkei berichtete, noch immer vor Ort arbeite. Die immer aggressiveren Gesten der türkischen Regierung im Umgang mit kritischer Berichterstattung – auch ausländischer Medien – machten uns Sorgen. Und vor allem die Tatsache, dass Deniz Yücel die deutsche und die türkische Staatsangehörigkeit besitzt und deshalb leichter als Kollegen mit einer fremden Staatsangehörigkeit Opfer türkischer Justizwillkür werden könnte. Immer wieder sprach WELT-Chefredakteur Ulf Poschardt mit seinem Korrespondenten. Doch der beteuerte, sich sicher zu fühlen und unbedingt in der Türkei bleiben zu wollen.

Eines Tages informiert der Chefredakteur mich, dass die türkische Regierung unseren Kollegen zur Fahndung ausgeschrieben habe. Wenige Tage später, am 14. Februar 2017, begibt sich Deniz freiwillig in ein Polizeipräsidium in Istanbul. Er hat zuvor wie viele andere Journalisten auch über einen Hackerangriff auf das E-Mail-Konto des Energieministers Berat Albayrak, dem Schwiegersohn des türkischen Präsidenten Erdoğan, berichtet. Daraufhin war er zur Fahndung ausgeschrieben worden und hatte sich einige Tage lang in einem Gebäude der deutschen Botschaft aufgehalten. Das Versteck und das Verstecken an sich erscheinen ihm zunehmend problematisch, weil es auch öffentlich wie ein Schuldeingeständnis gewertet werden könnte. Außer normaler Berichterstattung hat Deniz sich nichts vorzuwerfen. Und – so prognostizieren die meisten – die türkische Regierung wird wohl kaum einen international bekannten Journalisten nur wegen kritischer Berichterstattung vor den Augen der Weltöffentlichkeit ins Gefängnis werfen. Doch der Schritt in die Offensive, die Selbstauslieferung ins Polizeipräsidium, erweist sich als Fehler. Wegen „Terrorpropaganda" wird Deniz auf dem Polizeipräsidium festgesetzt. Ein Gericht ordnet wegen angeblichen Terrorverdachts Untersuchungshaft an, die in der Türkei bis zu fünf Jahre dauern kann. Bei einer Verurteilung drohen ihm bis zu 18 Jahre Gefängnis.

Die Nachricht schlägt ein wie eine Bombe. Und wir in Berlin machen uns bittere Vorwürfe. Hätten wir nicht konsequenter sein müssen und unseren Korrespondenten – zur Not auch gegen seinen Willen – einfach abberufen müssen? Ja, sagen die einen. Nein, beteuern die anderen, Deniz wusste, in welche Gefahr er sich begibt, er ging dieses Risiko bewusst ein, um weiter über die problematischen Entwicklungen in seinem Land berichten zu können. Journalismus ist nun mal gefährlich. Und wenn wir immer dann, wenn es kritisch und gefährlich wird, unabhängige Journalisten zurückholen, triumphieren die Feinde der Freiheit und das Gesetz des Stärkeren und Skrupelloseren siegt.

Das Gleiche gilt für Kriegsreporter. Im Ukraine-Krieg haben wir zeitweise mehr als 20 Kriegsreporter in das Krisengebiet entsandt. Sie riskieren täglich ihr Leben. Entscheidend ist für uns, dass niemand gedrängt wird, dass die Kolleginnen und Kollegen optimal auf diese Einsätze vorbereitet sind, dass wir sie nach allen Kräften mit besten Sicherheitsmaßnahmen unterstützen und dass sie möglichst keine kleinen Kinder haben. Journalismus – wenn man ihn ernst nimmt – ist leider lebensgefährlich. Gerade dann, wenn man ihn besonders braucht, weil er bei denen, um die es geht, besonders unwillkommen ist.

Nach knapp zwei Wochen wird Deniz in ein Hochsicherheitsgefängnis verlegt. Er sitzt von nun an ohne Anklageschrift in Isolationshaft. In einer Nachricht an die WELT-Redaktion schildert er die Bedingungen seiner Haft. „Das Alleinsein ist schon fast eine Art Folter", schreibt er. „Durch das Fenster sehe ich nur eine sechs Meter hohe Mauer. Den Himmel sehe ich nur durch den Stacheldraht auf der Mauer." Außerdem wird ihm jetzt zusätzlich zum Terrorverdacht auch Volksverhetzung vorgeworfen, weil er einen PKK-Anführer interviewt hatte.

Präsident Recep Tayyip Erdoğan wirft Deniz in öffentlichen Auftritten Spionage vor und bezeichnet ihn als deutschen Agenten. Deutsche Politiker von Kanzlerin Angela Merkel über Finanzminister Wolfgang Schäuble und den frisch gewählten Präsidenten Frank-Walter Steinmeier fordern öffentlich Deniz' Freilassung.

Im April heiratet Deniz seine Freundin Dilek Mayatürk. Als Ehefrau darf sie ihn nun eine Stunde pro Woche besuchen. Immer wieder bringt sie ihm Briefe von besorgten Lesern der WELT, die Deniz er-

mutigen, durchzuhalten. Er berichtet von Psychoterror und Vorformen physischer Folter. In den Gesprächen mit seiner Frau spüre ich, wie schlimm es um Deniz steht. Sein körperlicher und seelischer Zustand wird zusehends schlechter. WELT richtet eine Mailadresse ein, an die Leser Texte für Deniz schicken können. Weil Briefe auf Türkisch scheinbar bessere Chancen haben, bei Deniz zu landen, lässt WELT sie übersetzen.

300 Tage nach seiner Verhaftung schreibt Deniz in einem WELT-Artikel über sein Leben hinter Gittern. Mit den Rückseiten der Sonderausgabe der Zeitung kann man sich die Zelle von Deniz in realer Größe auf dem Boden auslegen. Sie ist winzig. Vier mal drei Meter. Selbst ohne Mauern bedrückend. Mehrere Prominente fordern am selben Tag die Freilassung von Deniz, darunter bekannte Musiker wie Bono und Sting, aber auch die Regisseure Wim Wenders und Fatih Akin sowie Literaturnobelpreisträgerin Herta Müller.

Über türkische und deutsche Anwälte legt Deniz Beschwerde beim Europäischen Gerichtshof für Menschenrechte ein. Wir entscheiden uns, mit dem Verlag Axel Springer ebenfalls Beschwerde am Europäischen Gerichtshof für Menschenrechte wegen Verletzung der Pressefreiheit einzulegen, um den Druck zu erhöhen.

In Berlin und anderen deutschen Städten gibt es Solidaritäts-Demonstrationen für die Freilassung von Deniz Yücel. Wir sind hin- und hergerissen. Einerseits sind das menschlich sehr schöne Gesten. Andererseits könnte es eine gesichtswahrende Lösung in der Türkei erschweren, je mehr öffentlicher Druck entsteht. Aber ändern oder beeinflussen können wir diese Initiativen ohnehin nicht. Hinter den Kulissen verfolgen wir verschiedenste Wege, um Deniz zu helfen. Über die deutsche, die amerikanische und die israelische Botschaft, die traditionell über besonders enge diplomatische Kontakte zur türkischen Regierung verfügt. Über offizielle und inoffizielle politische Kanäle mobilisiere ich jede nur denkbare Hilfe und spüre ein fast schon ungewöhnliches Engagement. Nicht nur Außenminister Sigmar Gabriel ist fast täglich in der Sache aktiv. Auch der ehemalige deutsche Bundeskanzler Gerhard Schröder bietet seine Hilfe an und fliegt zweimal nach Istanbul, um mit seinem Freund Recep Tayyip Erdoğan zu verhandeln. Im Dezember wird Deniz' Einzelhaft aufgehoben. Im Januar wehrt sich Deniz gegen einen „schmutzigen Deal". Es gibt Medienspekulationen, dass Sigmar Gabriel Waffenlieferungen angeboten habe, wenn Deniz freikomme. Der verweigert unter solchen Umständen seine Freilassung, weil er nicht Teil eines Rüstungsgeschäfts zwischen Deutschland und der Türkei sein möchte. Gabriel beteuert, dass es keinen Zusammenhang zu Waffenlieferungen gebe und geben werde.

Im Februar, fast auf den Tag genau ein Jahr nach der Festnahme, dringt Bundeskanzlerin Angela Merkel bei einem Treffen mit dem türkischen Premierminister Yildirim auf Deniz' Freilassung. Einen Tag später wird Deniz tatsächlich aus dem Gefängnis entlassen – nach 368 Tagen Haft. In einer Videobotschaft sagt er: „So wie meine Verhaftung nichts mit Recht und Gesetz zu tun hatte, hat auch meine Freilassung nichts mit alldem zu tun."

Am Nachmittag geben Sigmar Gabriel und ich eine Pressekonferenz im WELT-Newsroom. Staatstragende Worte vom Außenminister. Mir fällt außer Dank und Erleichterung nicht viel ein. Fast die ganze Redaktion ist anwesend. Vielen Kollegen stehen Tränen in den Augen. Am Abend des 16. Februar 2018 landet Deniz Yücel mit einer Privatmaschine auf dem Berliner Flughafen Tegel. Bei seiner Rückkehr in den Newsroom am 19. März gibt es minutenlangen Applaus.

Im Juli 2020 wird Deniz Yücel in Abwesenheit zu zwei Jahren und zehn Monaten Haft verurteilt – wegen Verbreitung von Propaganda. Im Mai 2023 stellt ein Gericht in Istanbul einen neuen Haftbefehl gegen Deniz aus. Was er wirklich verbrochen hat, nennen wir: die Verbreitung unbequemer Wahrheiten.

Für veröffentlichte unbequeme Wahrheiten oder auch nur um die Veröffentlichung derselben zu verhindern, sind unsere Kolleginnen und Kollegen im Laufe der Jahre immer wieder in Lebensgefahr geraten oder zu Opfern autoritärer Willkür geworden. Einer der heikelsten Fälle trug sich im Oktober 2010 zu. BILD-Reporter Marcus Hellwig und sein Fotograf Jens Koch reisen mit einem Touristenvisum in den Iran. Anders würden sie das Land nicht betreten können, um einen besonders heiklen Fall zu recherchieren. Sie wollen über das Schicksal von Sakineh Mohammadi Ashtiani berichten. Die 43-jährige Mutter und Volksschullehrerin war zum Tod durch Steinigung verurteilt worden. Ihr wurde Ehebruch vorgeworfen. Später wurde sie auch beschuldigt, in den Mord an ihrem Ehemann verwickelt zu sein.

Um diesen Fall zu untersuchen, treffen unsere Journalisten Ashtianis Anwalt und ihren Sohn zu einem Interview. Während des Gesprächs werden alle vier verhaftet. Marcus Hellwig und Jens Koch wird vorgeworfen, mit einem Touristenvisum in den Iran eingereist zu sein, obwohl sie dort als Journalisten arbeiten wollten.

In der ersten Zeit seiner Haft sitzt Marcus Hellwig in einer etwa 6 Quadratmeter großen Einzelzelle. Das Licht brennt ständig. Damit er nicht sieht, was um ihn herum passiert, muss er eine Augenbinde tragen.

Nach 43 Tagen Haft haben die beiden immer noch keinen Anwalt. Mitarbeiter der deutschen Botschaft in Teheran dürfen kaum mit den Inhaftierten sprechen. Versprochene Begegnungen mit Familienmitgliedern an Weihnachten werden mehrfach verschoben und sind am Ende mehr eine Medieninszenierung für den Iran. Diplomatische Bemühungen und öffentliche Appelle bleiben lange erfolglos. Fieberhaft suchen wir nach Lösungswegen. Die Angst um das Leben der beiden Kollegen ist sehr konkret. Zu oft endeten im Iran Gefängnisaufenthalte von als Regimekritikern identifizierten Ausländern tödlich. Wir wissen, dass das Leben der beiden an einem seidenen Faden hängt. Die Grünen-Bundestagsabgeordnete und spätere Kulturstaatsministerin Claudia Roth macht gemeinsam mit dem Anwalt und CSU-Politiker Peter Gauweiler eine lange geplante Reise in den Iran und appelliert an die Regierung, die beiden Reporter freizulassen. Parallel nimmt sich glücklicherweise der amtierende deutsche Außenminister Guido Westerwelle, mit dem ich fast täglich telefoniere, des Falles an. Es berührt mich, wie minutiös und leidenschaftlich er sich kümmert. Das Anti-Klischee des nur auf mediale

Außenwirkung abzielenden Politikers. Auf rechtsstaatliche Mechanismen braucht man im Iran nicht zu setzen. Hier werden Frauen, die vergewaltigt wurden und darüber sprechen, gesteinigt. Nicht die männlichen Täter. In einem solchen Land gibt es kaum Hoffnung auf Recht und Gerechtigkeit. Es geht ausschließlich darum, einen akzeptablen, „gesichtswahrenden" Deal zu finden. Vorteilhaft für den Iran, aber so, dass es uns nicht dazu zwingt, unsere Prinzipien über Bord zu werfen oder uns erpressen zu lassen. Am Ende siegt glücklicherweise die Eitelkeit. Ein Gespräch zwischen dem deutschen Außenminister und dem iranischen Präsident Mahmud Ahmadinedschad ist der sehr vertretbare Preis. Wir sind erleichtert, aber feiern wollen wir erst, wenn die beiden wirklich zurück sind.

Am 19. Februar 2011 werden die beiden Reporter gegen Zahlung einer Geldstrafe von jeweils 50.000 Dollar freigelassen. Außenminister Guido Westerwelle holt die beiden Reporter persönlich ab. Nach 132 Tage im Gefängnis landen sie um fünf Uhr früh am 20. Februar wieder einigermaßen unversehrt auf deutschem Boden.

Wenige Wochen zuvor, beim Neujahrsempfang unseres Unternehmens am 10. Januar 2011, widme ich meine kurze Ansprache fast ausschließlich diesem Thema und richte an die in Feierstimmung erschienenen Gäste einen ernüchternden Appell:

„Für uns gibt es ein Ereignis, das auf sehr traurige und sehr symbolhafte Weise aus dem alten Jahr in das neue hinüberreicht: Seit 92 Tagen sind unsere beiden Mitarbeiter Marcus Hellwig und Jens Koch in Täbris im Iran gefangen. Trotz engagiertester diplomatischer Vermittlung des deutschen Außenministeriums hinter den Kulissen und eindringlicher öffentlicher Appelle hat sich nichts wirklich zum Guten gewendet. Selbst die lange versprochene Begegnung mit Familienmitgliedern der beiden zu Weihnachten wurde mehrfach verschoben und war am Ende mehr eine Medieninszenierung für den Iran und nicht die Vorstufe zur Lösung. Eine schnelle Freilassung ist nicht in Sicht.

Wie furchtbar die fehlende Basis des Rechtsstaates und die damit verbundene Unfreiheit ist – hier wird es konkret, greifbar, spürbar.

Wir Journalisten, bei Axel Springer und anderswo, reden und schreiben viel in Kommentaren, über politische Gefangene, über Zensur, Menschenrechtsverletzungen, Völkerrecht, Pressefreiheit und wie die hohen Themen alle heißen. Aber jetzt erleben wir oder besser: erahnen wir aus der Ferne, wie es wirklich ist. Da sitzen zwei Kollegen, die bis vor Kurzem hier noch fröhlich ein und aus gingen und da hinten in der Ullstein-Bar bei einem Espresso in die Sonne blinzelten, seit 92 Tagen in fensterlosen Zellen und werden um ihr Leben betrogen. Kein Kontakt zur Außenwelt, kein richtiger Anwalt und keine Perspektive auf ein faires rechtsstaatliches Verfahren oder gar eine Freilassung. Stellen Sie sich das bitte einmal ganz genau vor, wie es wäre, nicht hier zu stehen und Sekt zu trinken, sondern seit 92 Tagen ohne Kontakt zur Außenwelt in einem Loch zu sitzen. Es ist wichtig, sich das vorzustellen, denn es hätte jedem von uns passieren können.

Vor einigen Jahren verbrachte ein Freund von mir, ein Arzt und Mitglied der bürgerlichen Gesellschaft Berlins, nur ein paar wenige Tage im Gefängnis eines muslimischen Landes, weil er bei einem Straßenhändler einen Stein für drei Euro gekauft hatte, der an der Grenze als Antiquität klassifiziert wurde. Dieser Freund hat noch heute Alpträume und eine ewige Erinnerung, wie sich Justiz in einem eingeschränkten Rechtsstaat anfühlen kann.

Was wirft man nun unseren Kollegen im Unrechtsstaat Iran vor? Visavergehen. Weil sie in das Land als Touristen eingereist sind, obwohl sie eine Geschichte über die zum Tode durch Steinigung verurteilte Ashtiani recherchierten. Neben wunderbarer Solidarität hat sich seither bei uns auch schon der eine oder andere Schlaumeier gemeldet und darauf hingewiesen, dass Visavergehen nun einmal auch in lupenreinen Demokratien ein Delikt sei, das geahndet wird. Schon richtig. Nur würde man bei uns als Journalist einreisen und recherchieren können, was man will. Im Iran blieb nur die Möglichkeit, falsche Angaben zu machen oder auf die Recherche ganz zu verzichten. Hinzu kommt: Bei uns wäre man, wenn überhaupt, nach ein paar Stunden wieder ausgewiesen worden. Der Fall unserer beiden Reporter macht auf sehr konkrete Weise deutlich, wie sehr der Rechtsstaat, der verlässliche Rechtsstaat, unsere Lebensqualität und unser scheinbar selbstverständliches Leben in Freiheit definiert. Das Gefühl, wegen eines angeblichen oder tatsächlichen Vergehens zum Spielball von Willkür zu werden, bleibt für mich das ultimative Erlebnis von Unfreiheit. Der Rechtsstaat ist das einzige Korrektiv. Ohne Rechtsstaat keine Demokratie. Ohne Demokratie kein Rechtsstaat. Gemessen an anderen Menschenrechtsvergehen im Iran und anderswo ist das Schicksal unserer beiden Mitarbeiter noch harmlos. Aber es ist schlimm genug. Und vielleicht schaffen wir es ja, den Fall der beiden gefangenen Reporter als heilsamen Schock zu begreifen, als Schock, der uns aus der Lethargie und Naivität befreit, mit der wir den Herausforderungen des islamistischen Fundamentalismus begegnen. Es gibt viele Formen des Terrors, es gibt viele Bedrohungen der Freiheit. Aber keine ist derzeit so akut, gefährdet unsere Werte und unsere Freiheit so virulent wie der Islamismus, die radikalisierte Form des Islam. Die Bedrohungen sind konkret: Die atomare Aufrüstung des Iran, die Selbstmordattentate der Hamas, die Bomben in Stockholm, die gewaltbereiten Parallelgesellschaften in Berlin, die Tatsache, dass in sechs muslimischen Ländern Homosexualität hochoffiziell mit dem Tod bestraft wird, dass Frauen, die angeblich außerehelichen Geschlechtsverkehr hatten, gesteinigt werden und ja, auch die bittere Erkenntnis, dass unsere zwei Reporter seit 92 Tagen im Gefängnis sitzen, bloß weil sie im Iran journalistisch arbeiten wollten.“

Kaum sind die Worte verklungen, klirren in den holzgetäfelten Räumen des Journalistenclubs die Sektgläser. Heute arbeiten die beiden Reporter längst wieder wie normale Journalisten. Das ist gut. Der Schock von damals hat leider bis heute wenig Wirkung gezeigt. Das ist nicht gut.

DEMOKRATIE VON INNEN GESCHWÄCHT – DONALD TRUMP UND ANGELA MERKEL

Die Freiheit wird nicht nur von Diktatoren, Autokraten und Populisten von außen geschwächt, sondern manchmal auch von innen, aus der Mitte der Gesellschaft. Kaum einer hat die demokratischen Institutionen von innen – oder gewissermaßen von oben – so verächtlich gemacht wie der 45. amerikanische Präsident, Donald Trump. Aber es ist langweilig, erwartbar und unredlich, über ihn zu schreiben, ohne zu Beginn ganz kurz die andere Seite der Medaille zu beleuchten.

Die Polarisierung der amerikanischen Gesellschaft ist ganz sicher nicht allein oder zuerst sein Werk. Hierzu hat eine von den Prioritäten und Bedürfnissen weiter Teile der Bevölkerung immer stärker entkoppelte, zur Selbstgerechtigkeit neigende Linke ihren Teil beigetragen. Hinzu kommt: Wenn man von der narzisstischen Selbstinszenierung und einem erratischen, von wenig Respekt für die demokratischen Institutionen getragenen Politikstil einmal absieht, hat die Trump-Administration auf eher intuitive Weise konzeptionell durchaus drei wichtige Kurskorrekturen vorgenommen.

• Die wirtschaftliche Abkopplung und wachsende Unabhängigkeit von Diktaturen, insbesondere von China,

- die Stärkung der NATO (durch mehr Druck auf die Einhaltung der Vertragsverpflichtungen europäischer Mitglieder wie Deutschland) und

- die kritische Position gegenüber den missbräuchlichen und marktbeherrschenden Praktiken von Google, Apple, Amazon, Microsoft, Meta und vor allem chinesischen (Überwachungs-) Plattformen.

All diese Maßnahmen wurden unter seinem Nachfolger Joe Biden fortgesetzt. In Stil und Sprache sind die Unterschiede gewaltig, in der Substanz sind sie jedoch frappierend gering. Wenn man diese richtigen und über seine vierjährige Amtszeit hinausreichenden Weichenstellungen Donald Trumps unterschlägt, tut man einer substanziellen Kritik seiner demokratieschädlichen Hinterlassenschaft keinen Gefallen.

Von Beginn seiner Kandidatur für das Amt des Präsidenten an bediente sich Donald Trump einer aggressiven, aufwiegelnden Sprache, einfacher Weltbilder, zugespitzter und einseitiger Schuldzuweisungen und Feindbilder: wir, die Guten, gegen die anderen, die Bösen. Das ist der emotionale Treibstoff der Polarisierung.

Fast ikonografisch verbunden mit der Regierung Donald Trumps sind die beiden Begriffe „Fake News" und „Alternative Facts". Und wahrscheinlich liegen auf diesem Gebiet die gefährlichsten Spuren seiner Amtszeit.

Fake News gibt es, seit es News gibt. Früher, vor 1.000 Jahren, verbreiteten sie sich auf Marktplätzen und als Gerüchte hinter vorgehaltener Hand, heute auf Social Media in Sekunden weltweit. Fake News sind also nicht neu. Sie sind nur gefährlicher geworden. Und es wird ein Demokratieproblem, wenn gesellschaftliche Lager, politische Parteien oder NGOs dem jeweils anderen Lager gefälschte Fakten vorwerfen oder Fakten, die der eigenen Agenda nicht dienlich sind, als gefälscht bezeichnen. Donald Trump hat diese Neigung nicht nur verstärkt, er hat sie zum Stilmittel seiner politischen Kommunikation und seiner Kampagnen erhoben.

Aufhänger für den Begriff „Alternative Facts" war die Amtseinführung von Donald Trump. Dessen damaliger Pressesprecher Sean Spicer behauptete am 21. Januar 2017, dass noch nie so viele Menschen der Amtseinführung eines Präsidenten beigewohnt hätten. Luftaufnahmen bewiesen jedoch ziemlich klar das Gegenteil. In der TV-Sendung „Meet the Press" darauf angesprochen, verteidigte Donald Trumps Beraterin Kellyanne Conway Spicers Aussage mit der Formulierung „Alternative Facts" und sprach von Zählungsmethoden, die zu einem anderen Ergebnis kämen. Alternative Fakten sind das Stilmittel von Autokratien und Diktaturen. Sie basieren auf dem Mittel der gezielten Desinformation, der Manipulation und Propaganda. Wenn Putin bei seiner Invasion der Ukraine bestimmte Entwicklungen, Zahlen und Fakten nicht passen, verkündet er seiner Bevölkerung mittels konsequent kontrollierter Staatsmedien einfach das Gegenteil. Alternative Fakten überzeugen die Bevölkerung dann von großartigen Erfolgen der russischen Armee, die es so nie gegeben hat.

Conways Äußerungen waren in Amerika der Dammbruch. Und der Beginn einer politischen Kultur, die Fakten zu beliebig wählbaren und behauptbaren Alternativen macht. Nach dem Motto: Wenn mir die Fakten nicht passen, erkläre ich sie einfach für falsch und behaupte etwas anderes, meine alternativen Fakten eben. Es ist die Relativierung und Zerstörung von Tatsachen als verbindlicher Basis für Erkenntnis. Es ist die Zerstörung von Verlässlichkeit und Fairness und damit von jedem Vertrauen. Der Effekt in einer demokratisch verfassten Gesellschaft ist verheerend. Wenn Fakten kein verlässliches Fundament mehr sind, schwindet nicht nur das Vertrauen, es gedeihen Verschwörungstheorien und schließlich werden Wahlen unmöglich. Auf welcher Basis soll man diskutieren, abstimmen und wählen, wenn alles zugleich wahr oder falsch sein kann, weil jede Seite ihre höchst eigene Alternative hat? Man kann und man soll in einer freien Gesellschaft Tatsachen unterschiedlich interpretieren und man kann und sollte gelegentlich darüber streiten, ob ein Faktum wirklich ein Faktum ist. Aber an einem bestimmten Punkt muss eine Tatsache von allen als Tatsache und damit als Grundlage für Debatte, Entscheidung oder Kompromiss akzeptiert werden. Wenn das nicht geschieht, weil Fakten wie Meinungen behandelt werden, dann entsteht eine Haltung, die eine Umkehrung der Idee der Aufklärung ist. Der Glaube steht wieder über dem Wissen. Ganz am Ende ist diese Haltung das Gegenteil und also das Ende von Demokratie.

Das Ergebnis dieser Entwicklung kann seit Jahren in der amerikanischen, immer mehr aber auch in der europäischen Gesellschaft besichtigt werden: Polarisierung der Milieus, verstärkt durch eine Polarisierung der Medien. Auch Medienmarken verstehen sich immer häufiger als Verstärker einer politischen Haltung. Die einen sind im linken Lager, die anderen im rechten. Die einen unterstützen diesen Kandidaten, die anderen jenen. In Form der amerikanischen Tradition des Endorsements – also der redaktionellen Empfehlung eines Kandidaten kurz vor einer entscheidenden Wahl – kann man dies als Zeichen der Transparenz und Beflügelung der politischen Meinungsbildung interpretieren. Wenn es aber zu einseitiger, berechenbarer Agitation, also zu Aktivismus wird, ist es das Gegenteil von Journalismus.

Diese Entwicklungen verstärken die Zerklüftung und Verunsicherung einer Gesellschaft. Jeder lebt und redet nur noch in seiner Blase. Jede Blase verstärkt die eigenen Vorurteile. Und eine demokratische Gemeinschaft verlernt Schritt für Schritt die wunderbare Grundtugend, die sich in dem sprichwörtlichen britischen Satz ausdrückt: „we agree to disagree". Wir haben zwar unterschiedliche Meinungen und wir sind uns einig, dass diese Meinungsunterschiede unüberbrückbar sind, aber wir bleiben im Gespräch, wir übertragen diese Auseinandersetzung nicht auf die persönliche Ebene. Wenn eine Gesellschaft diese Fähigkeit verlernt, dann führt das nicht nur zu Polarisierung, sondern irgendwann zu Hass und Gewalt. In der jüngeren amerikanischen Geschichte ist eine direkte Linie auf makabre Weise sichtbar: Sie führt von einer aufwiegelnden, aggressiven Sprache über Kellyanne Conways Aussage und die Idee der „Alternative Facts" in einer Linie zu nackter Gewalt.

Nach dem knappen Sieg von Joe Biden im November 2020 bestritt Donald Trump wiederholt die Gültigkeit der Wahl. Nachdem mehrere Medien Biden zum Sieger erklärt hatten, sagte er: „Tatsache ist, dass diese Wahl noch lange nicht vorbei ist", und bezeichnete die Wahl wochenlang als „Betrug" und „gestohlen". In der Folge standen sich republikanische und demokratische Parteigänger auf zunehmend emotionale Weise gegenüber. Anstatt sich wie ein guter Verlierer zu verhalten, der eine Niederlage anerkennt und dem Gegner gratuliert, griffen Donald Trump und sein Gefolge zu einer zunehmend aggressiven Sprache. Ein Sohn des Präsidenten, Donald Trump Jr., rief angesichts des Wahlergebnisses zum „totalen Krieg" auf.

Zum traurigen und gewaltsamen Höhepunkt wurde schließlich die Erstürmung des Kapitols in Washington am 6. Januar. Den Angriff auf die Herzkammer der amerikanischen Demokratie hatte ihr mächtigster Vertreter selbst angezettelt. Die Tatsache, dass Donald Trump in der Lage war, so viele Amerikaner von seinen Lügen über die Wahl zu überzeugen und Zehntausende von ihnen zu mobilisieren, um gegen die Beglaubigung der Wahl zu protestieren, zeigt, dass ein erheblicher Teil der Bevölkerung inzwischen infiziert ist vom Virus der alternativen Fakten.

Die Erstürmung des Kapitols war ein Coup gegen die Demokratie, organisiert von oben, von jener Person, die eben noch als Präsident der größten Demokratie, der globalen Leitmacht der Freiheit amtierte. Sie bleibt als Menetekel in Erinnerung, als Warnung, was passiert, wenn eine Sprache der Wut und Ausgrenzung Fakten zu Alternativen erklärt und damit eine Gesellschaft spaltet. Das Datum des 6. Januar 2021 bleibt in den Geschichtsbüchern ein Sinnbild dafür, wie eine Demokratie nicht von außen, sondern von innen geschwächt wurde, und zwar von ihrem höchsten Repräsentanten, dem Präsidenten selbst.

Bisher ist Donald Trump so etwas wie ein Borderline-Experiment der Demokratie. Der Bürger, also der Souverän, war eines elitären, von der Basis entfremdeten Politiker-Typus überdrüssig und wählte eine Alternative, den Anti-Politiker. Das Experiment geriet außer Kontrolle. Die selbstheilenden Kräfte der offenen Gesellschaft haben daraufhin eindrucksvoll funktioniert. Bislang. Wenn die politischen Gegner Donald Trumps jedoch glauben, dass es mit Pauschalkritik und Überheblichkeit getan ist, wird es nicht das letzte Kapitel der demokratischen Selbstschwächung bleiben. Eine zweite Amtszeit Donald Trumps ist so unberechenbar wie er selbst. Sie kann die systematische Unterminierung demokratischer Institutionen in Amerika bedeuten. Sie kann durch opportunistische Deals mit Diktaturen in Russland, Saudi-Arabien und China eine neue Weltordnung – eine weniger demokratische – bewirken. Oder durch eine Politik der Abschreckung genau das Gegenteil. Sie kann auch zu einem überfälligen Wake-up-Call für Europa werden: ein schmerzliches Erwachen in der Erkenntnis, dass wir jahrzehntelang zu wenig zur Pflege unserer transatlantischen Sicherheits- und Wirtschaftsallianzen getan haben. Dass Europa nun im schlimmsten Fall in solchen Fragen häufiger auf sich gestellt bleibt. Und also mehr tun muss, um Verbündete zurückzugewinnen. Denn einen europäischen Sonderweg gibt es nicht. Europas Alleingang ist eine Sackgasse, ganz gleich wer in Amerika Präsident ist.

Ein anderes Beispiel für die Schwächung von Demokratien von innen ist Angela Merkel, die erste Regierungschefin in der Geschichte Deutschlands und mit 16 Jahren Amtszeit nur wenige Tage kürzer im Amt als ihr Vorvorgänger Helmut Kohl. Wohl kaum ein Politiker oder eine Politikerin wurde über anderthalb Jahrzehnte so sehr als Symbol von Verlässlichkeit, Ausgewogenheit, Vernunft und Maß wahrgenommen. Weltweit – besonders in den USA – war Angela Merkel der Inbegriff einer Politik der Mitte, gefeiert und verklärt als Leuchtturm und Garant demokratischer Führungsstärke. Das *Time Magazine* nannte sie die „Kanzlerin der freien Welt" und kürte sie 2015 zur „Person des Jahres".

Doch heute ist diese Heldin der politischen Mitte ein Symbol für deren Schwäche. Die Liste ihrer strategischen Fehleinschätzungen und operativen Versäumnisse ist lang. Hier nur einige der wichtigsten Beispiele:

Einwanderung: Manche halten Angela Merkels Handeln im Sommer 2015 für eine humanitäre Geste, andere für ein naives Glücksspiel.

Die Situation in Syrien hatte die schlimmste Flüchtlingskrise seit dem Zweiten Weltkrieg ausgelöst. Anstatt sich an die Dublin-Verordnung zu halten, die besagt, dass das Land, in dem eine Person zuerst registriert wird, auch für die Bearbeitung des Asylantrags zuständig ist, agierte Angela Merkel im Alleingang. Und setzte sich über geltendes Recht hinweg. Diejenigen, die es bis nach Deutschland geschafft hatten, durften bleiben. *„Wir schaffen das"* war ihr zupackendes Motto, das sich jedoch als leere Versprechung entpuppte. Die Kombination aus zu hohen Asylbewerberzahlen – die durch Abertausende von Wirtschaftsflüchtlingen aus anderen Ländern explodierten – und einer völlig unvorbereiteten Verwaltung führte zu Chaos. Anstatt klare Kriterien und Verwaltungsprozesse festzulegen, machte die deutsche Kanzlerin Selfies mit ankommenden Flüchtlingen. Die Bilder verbreiteten sich weltweit und mit ihnen eine Botschaft, die wie eine Einladung wirkte: Alle Flüchtlinge sind willkommen.

Angela Merkels Vorgehen wurde zunächst gefeiert, dann weithin kritisiert. Mit ihrem Alleingang in der Flüchtlingsfrage hat sie Deutschland und Europa gespalten. Sie löste den Aufstieg der AfD aus und machte langjährige Freunde vor allem in Osteuropa, die ihre Politik lange Zeit bewundert hatten, zu Feinden. Ihre Entscheidung heizte die Migrationsdebatte in Großbritannien an und war einer der Gründe, warum sich die Brexit-Befürworter beim Referendum 2016 durchsetzten. Bis heute haben Europa und insbesondere Deutschland mit Fremdenfeindlichkeit und Antisemitismus zu kämpfen. Eine eigentlich absehbare Reaktion auf die oberflächliche Bemühung, ein tolerantes und sympathisches Bild von Deutschland zu vermitteln. Zu viel Toleranz führte zu Intoleranz.

Digitalisierung: Hier hat Deutschland wesentliche Weichenstellungen verschlafen. Laut dem Digital Economy and Society Index liegt Deutschland im Jahr 2022 – ein Jahr nach Angela Merkels Ausscheiden aus dem Amt – nur knapp über dem EU-Durchschnitt, während Litauen, Finnland, Dänemark, die Niederlande, Schweden, Irland, Malta, Spanien, Luxemburg, Estland, Österreich, Slowenien und

114 Teil 2 – Das Problem: Freiheit ist zerbrechlich

Frankreich besser dastehen. Die Verwaltungsbehörden arbeiten noch weitgehend analog, mit Stift und Papier. Internetzugang und Netzabdeckung sind schlecht. Der *Spiegel* hat es auf den Punkt gebracht: „Deutschland ist ein FAX-Gerät." Und wenn es nach Angela Merkel gegangen wäre, hätte beim Ausbau des 5G-Netzes der chinesische Staatskonzern Huawei den Zuschlag bekommen und so eine Standleitung zwischen Deutschland und dem chinesischen Geheimdienstapparat der Kommunistischen Partei etabliert.

Verteidigung: Deutschland hat in der Ära Merkel regelmäßig und offenbar gezielt das sogenannte 2-Prozent-Ziel der NATO-Finanzierung unterlaufen. Dabei lautet die vertragliche Verpflichtung für alle Mitgliedsstaaten, dass sie zwei Prozent ihres Bruttoinlandsprodukts in die Verteidigung investieren. Das Statistische Bundesamt errechnet für Deutschland etwa 71,3 Milliarden Euro als Zahlungsverpflichtung für das Jahr 2021. Doch nur etwas mehr als die Hälfte wurden eingezahlt. Erst Olaf Scholz hat diesen Irrweg nach nur wenigen Wochen im Amt korrigiert. Erwähnenswert ist auch, dass die USA mehr als doppelt so viel für Verteidigung ausgeben als alle anderen 28 NATO-Partner zusammen – über 800 Milliarden Dollar im Jahr 2022. Unter Angela Merkel wurde das deutsche Militär in eine Freiwilligenarmee umgewandelt. Der dramatische Mangel an Investitionen führte zum Niedergang einer immer dysfunktionaleren Bundeswehr. Die Selbstaufgabe souveräner Verteidigungsfähigkeit und die zeitgleiche Zurückweisung der einzigen Schutzmacht erscheinen als eigenwillige Kombination.

Das transatlantische Verhältnis: 2017 erklärte Angela Merkel bei einem Wahlkampfauftritt für die CSU in einem Bierzelt in Trudering in einer versteckten Anspielung auf die Wahl Donald Trumps zum US-Präsidenten: „Die Zeiten, in denen wir uns auf andere völlig verlassen konnten, die sind ein Stück vorbei. (...) Wir Europäer müssen unser Schicksal wirklich in die eigene Hand nehmen." Es müsse natürlich bei der Freundschaft zu den USA und Großbritannien bleiben, aber „wo immer das geht, auch mit Russland und auch mit anderen Ländern". Das war eine bemerkenswerte Konzeptänderung nach Jahrzehnten verlässlicher Westbindung. Anstatt der von Donald Trump angewiderten deutschen Öffentlichkeit zu erklären, dass die transatlantische Freundschaft selbstverständlich tiefer und wichtiger ist als das Verhalten eines amerikanischen Präsidenten und deshalb auch diese Administration überstehen werde, suchte sie öffentlich nach neuen Allianzen und Partnern. Und schloss in diesen Kreis ausdrücklich auch Russland ein. Es scheint, als hätte Angela Merkel immer an einen deutschen Sonderweg mit Russland geglaubt und ihn politisch gewollt und befördert.

Dafür spricht auch der gesamte Umgang mit Nord Stream 2: Die 2015 getroffene Entscheidung zum Bau der Pipeline, nur kurz nach der russischen Annexion der Krim und dem Einmarsch in der Ostukraine, hat eine Sicherheitskrise und eine Glaubwürdigkeitskrise in Europa ausgelöst. Der Bau von Nord Stream 2 hat die Beziehungen zwischen den USA und Deutschland stark belastet. Auch in Europa hat sich Deutschland damit wenig Freunde gemacht. Von einer Abhängigkeit wollte man in der Regierung Merkel indes nichts wissen. Schon der Bau der ersten Ostseepipeline war nicht unumstritten. Angela Merkel hat Nord Stream 1 einst als „größtes Energieinfrastrukturprojekt unserer Zeit" bezeichnet. Es wurde zur Nabelschnur, die den Aggressor Wladimir Putin ernährt hat.

Energie: Angela Merkels folgenreichste Fehlentscheidung und fatale Grundlage für zahlreiche Fehlentwicklungen aber war der im Jahr 2011 beschlossene Ausstieg aus der Kernenergie. Anlass war der Reaktorunfall in dem japanischen Kernkraftwerk Fukushima am 11. März desselben Jahres. Infolge der durch eine Flutwelle ausgelösten Stromausfälle kam es zu einer Kernschmelze in drei Reaktoren, wodurch Radioaktivität freigesetzt wurde. Nur drei Tage nach der Katastrophe und ohne Hinweise auf Todesopfer, aber kurz vor einer Reihe von Landtagswahlen, verkündete Angela Merkel – fast ohne parlamentarische Debatte – eine sofortige und entschiedene Abkehr von der

Atomenergie. Nur zweieinhalb Monate später legte die von ihr eingesetzte Ethikkommission für den Atomausstieg ihren Abschlussbericht vor und erteilte die gewünschte Zustimmung. Bis heute gibt es Kritik an der fehlenden wissenschaftlichen Unabhängigkeit der Gruppe.

Das war eine ebenso überraschende wie extreme Kehrtwende, denn noch im Herbst des Vorjahres hatte die schwarz-gelbe, also konservativ-liberale Bundesregierung die Laufzeitverlängerung von 17 deutschen Kernkraftwerken beschlossen. 55 Jahre nachdem in England das erste kommerzielle Atomkraftwerk ans Netz gegangen war, dekretierte die Bundeskanzlerin – ohne angemessenen demokratischen Prozess – nach einem Unfall, dessen Folgen überhaupt nicht absehbar waren, das Ende der effizientesten und klimafreundlichsten Energie in der größten Wirtschaftsnation Europas. Auf manche Beobachter wirkte es, als hätte sich die sonst so rationale Kanzlerin von der Emotion des Augenblicks tragen lassen und in einer Mischung aus ernster Sorge und oberflächlichen Meinungsumfragen für eine populistische Lösung entschieden. Andere empfanden es so, als hätte sie nur auf eine Gelegenheit gewartet, mit der Kernenergie das letzte Koalitionshindernis zwischen der CDU und den Grünen zu beseitigen, die von Beginn an die Nutzung von Atomenergie kategorisch abgelehnt hatten. Wie eine ironische Pointe wirkte es da, dass nur zwei Monate nach Fukushima in Baden-Württemberg nach 58 Jahren durchgehender CDU-Regierung zum ersten Mal in ganz Deutschland ein Grüner zum Ministerpräsidenten gewählt wurde.

Fest steht: Angela Merkel hat aufbauend auf den fahrlässigen Entscheidungen ihrer Vorgänger – besonders des Putin-Freundes und späteren Gazprom-Managers Gerhard Schröder – in nicht unerheblichem Maße dazu beigetragen, Deutschland von russischem Gas abhängig zu machen. Und Wladimir Putin schreckt nicht davor zurück, seine erpresserischen Methoden auch anzuwenden. Gleich mehrfach wurde die Gaslieferung durch Nord Stream 1 im Jahr 2022 gestoppt – zumeist wegen vollkommen aus der Luft gegriffener Gründe wie angeblich defekte Turbinen oder Öllecks – und später infolge der

Pipelineexplosionen im Herbst desselben Jahres ganz eingestellt. Die Energiepreise stiegen massiv an. Die Inflation in Deutschland kletterte auf fast zehn Prozent, in anderen europäischen Ländern noch deutlich stärker. So war es kaum verwunderlich, dass aus energiepolitischer Abhängigkeit immer mehr auch wirtschaftliche Abhängigkeit wurde. Die Leidtragenden waren die Schwächsten in der Gesellschaft. Die deutsche Regierung musste mit Milliardenprogrammen gegensteuern, um die Wohlstandsverlierer durch staatliche Unterstützungsmaßnahmen ruhigzustellen.

Stilistisch hat Angela Merkel eine neue Form der Politik etabliert. Eine, die transaktionsorientiert, unideologisch, pragmatisch und – ganz im Gegensatz zu den meisten ihrer männlichen Kollegen – erstaunlich uneitel war. Ihr Regierungsstil erinnerte an Investmentbanking – allerdings ohne Rendite.

Die Bilanz ihrer Amtszeit ist verheerend: Als Kanzlerin und Parteivorsitzende der CDU hat Angela Merkel das Land durch mangelnden Innovations- und Unternehmergeist wirtschaftlich ausgezehrt, aber gleichzeitig einem seit Jahrzehnten andauernden ideologischen Kulturkampf zum Durchbruch verholfen. Indem sie zahlreiche Paradigmen der Linken zum programmatischen Kernbestand der CDU erhob, verschob sie die politische Mitte in Deutschland massiv nach links. Auch dies ist ein Coup von innen und von oben.

Nach 16 Jahren im Amt hat Angela Merkel Deutschland, Europa und das transatlantische Bündnis geschwächt und gleichzeitig ein autoritäres Russland gestärkt, mit dem sich die demokratische Welt auf absehbare Zeit kriegerisch auseinandersetzen muss. Erfolgloser war kein Kanzler seit Bestehen der Bundesrepublik Deutschland. Eine Ära der Selbstbeschädigung.

„EIN GUTER TAG FÜR RUSSLAND"

Am 30. Mai 2011 sitze ich mit einigen Chefredakteuren unseres Hauses auf dem Dach der russischen Botschaft Unter den Linden in

Berlin. Es ist ein lauer Tag und der Botschafter hat uns zum Essen eingeladen. Bundeskanzlerin Angela Merkel hat am selben Tag den deutschen Atomausstieg auf einer Pressekonferenz verkündet.

Der Botschafter blickt vom Belvedere des spätstalinistischen Gebäudes zum Reichstag und erhebt zu Beginn des Essens das Wodkaglas, das vor jedem Gedeck gefüllt bereitsteht. Mit freundlicher Stimme sagt er: Auf das Wohl der deutschen Bundesregierung! Dies ist ein guter Tag für die russische Energiepolitik, dies ist ein guter Tag für Russland. Nastrovje! Wir heben alle etwas betreten die Gläser. Genau einen Monat später, am 30. Juni 2011, beschließt der Deutsche Bundestag in namentlicher Abstimmung mit 513 von 600 Stimmen den Atomausstieg.

Es war nicht unser Wohl, auf das der russische Botschafter sein Glas erhob.

TEIL 3

DIE ESKALATION: HERAUSFORDERUNG CHINA

IM FLUGZEUG MIT HELMUT KOHL – MEINE ERSTE BEGEGNUNG MIT „WANDEL DURCH HANDEL"

Ich sitze zum ersten Mal in meinem Leben in der sogenannten Kanzler-Maschine. Ich bin der jüngste und mit Abstand unwichtigste Journalist der Delegation. Hinten im Airbus A310, nach dem früheren deutschen Bundespräsidenten „Theodor Heuss" benannt, sitzen Korrespondenten und Reporter großer deutscher und internationaler Medien. In der Mitte des Flugzeugs die sogenannte Wirtschaftsdelegation, in diesem Fall die Krone der deutschen Wirtschaft, die Vorstandsvorsitzenden der wichtigsten DAX–30–Unternehmen. Darunter Gerhard Cromme (Krupp), Heinrich von Pierer (Siemens), Rolf-Dieter Leister (Deutsche Telekom), Jürgen Weber (Lufthansa), Henning Schulte-Noelle (Allianz) und Mark Wössner (Bertelsmann). Zur Delegation gesellt sich außerdem der erst 19–jährige und als Kohls „Wunderkind" bezeichnete Lars Windhorst. Zwei Jahre zuvor hatte er sein erstes Unternehmen mit einem chinesischen Geschäftsmann gegründet. Er importiert Elektronik- und Computerteile aus Asien.

Später heißt es, nie vorher und nie wieder habe es einen Kanzler-Staatsbesuch mit so hochrangigen Wirtschaftsvertretern gegeben. Aber dies ist kein normaler Staatsbesuch. Neben China geht es auch nach Vietnam und Singapur. Auf dieser Reise vom 12. bis 21. November 1995 sollen vor allem die Grundlagen geschaffen werden für eine völlig andere Dimension chinesisch-deutscher Wirtschaftsbeziehungen. Im vorderen Teil des Flugzeugs sitzen die Mitarbeiter des

Bundeskanzleramts, unter anderem die Sekretärin des Kanzlers und sein Leiter der Abteilung für Außen-, Entwicklungs- und Sicherheitspolitik, Joachim Bitterlich. Ganz vorne, kurz hinter dem Cockpit, ist die Suite des Kanzlers, Helmut Kohl, seit 13 Jahren deutscher Regierungschef, der Kanzler der Einheit, eine Legende. Hin und wieder kommt der Kanzler nach hinten, beantwortet den Journalisten oder den Wirtschaftsführern ein paar Fragen und macht Witze. Über seinem Bauch wie ein Berg trägt er eine dunkelblaue Strickjacke.

Nach ein paar Stunden kommt Kohls Medienberater, Andreas Fritzenkötter, zu mir und sagt knapp: „Der Kanzler möchte Sie sprechen." Mir sackt das Herz in die Hose. Ich folge ihm in den vorderen Raum. Plötzlich bin ich alleine mit Helmut Kohl. Er stellt ein paar Fragen, will wissen, wer der junge Journalist ist, den irgendjemand für diese Reise empfohlen hat. Dann trinkt er eine Tomatensaft-Schorle und erzählt. Dass die deutsche Wirtschaft die Chancen in China verschlafen habe („Da müssen die Herren Vorstandsvorsitzenden mal etwas früher aufstehen"). Dass man jetzt ein neues Kapitel aufschlage. Dass alleine im Kontext dieser Reise Aufträge in einer Größenordnung von mehreren Milliarden Mark aus China nach Deutschland kämen. Dass wir nur mit Zugang zu diesen riesigen Absatzmärkten unseren Wohlstand zu Hause sichern könnten. Irgendwann traue ich mich, mit brüchiger Stimme zu fragen, wie er das mit den Menschenrechtsverletzungen in China sehe. Etwas genervt winkt Kohl ab. Natürlich sei da nicht alles so wie bei uns. Aber das könne man vor dem Hintergrund der Geschichte des großen tausendjährigen Reiches auch nicht erwarten. Der beste Weg, die Verhältnisse in China zu verbessern, sei immer noch „Wandel durch Handel".

Ich glaube, das war der Moment, als ich diese Wendung zum ersten Mal gehört habe.

In Peking werden wir mit militärischen Ehren empfangen. Während des Aufenthalts gibt es Gipfelgespräche zwischen dem chinesischen Ministerpräsidenten Li Peng und Helmut Kohl. Ein Vieraugengespräch mit dem chinesischen Staatspräsidenten Jiang Zemin

(Kohl schenkt ihm zwei Flöten). Ein Staatsbankett (währenddessen Kohl darum bittet, die Klimaanlage wärmer zu stellen). Besuche chinesischer Vorzeigebetriebe. Verträge werden unterzeichnet, Wirtschaftsführer verkünden strategische Deals, die Menschenrechtsfrage wird leise angesprochen. Niemand weiß, ob aus Überzeugung oder damit zu Hause die linken Medien beruhigt sind. Es gibt abendliche Hintergrundgespräche mit Medienvertretern, bei denen Kohl launig Hof hält und Witze macht. Es gibt eine Pressekonferenz. Der deutsche Bundeskanzler fasst mit zufriedenen und optimistischen Worten den Besuch und seine wichtigsten Ergebnisse zusammen. Am Schluss sagt er: „Dieses Land [China] wird sich in den nächsten Jahren noch sehr viel stärker für die Entwicklung in der Welt öffnen. Ich denke, es ist für uns Deutsche von allergrößter Bedeutung, dass wir dabei hilfreich sind. Deswegen ist es auch wichtig, dass möglichst viele junge Deutsche den Weg hierher finden, um Land, Leute, Kultur und Mentalität dieses großen und faszinierenden Landes besser kennenzulernen. Ich denke, wir sind auf einem guten Weg."

Die Tage mit dem Kanzler sind von Geschäftigkeit, Hektik, Wichtigtuerei und ein paar wirklich guten Gesprächen geprägt. Und über allem weht wie eine Fahne die beruhigende, jeden leisen Zweifel erstickende Floskel: „Wandel durch Handel". Alles wird gut.

Am Abend des letzten Tages in Peking geht die ganze Delegation in ein chinesisches Restaurant. Der Kanzler wünscht sich etwas Einfaches, Ursprüngliches. Das wird auch geliefert. Auf der Speisekarte stehen in Honig glasierte Heuschrecken. Ganze, in Bambusrohr gegrillte Frösche. Kellner kommen an die Tische und schlitzen lebende Schlangen auf, um ihr Blut in gefüllte Schnapsgläser tropfen zu lassen. Die ersten Gäste werden blass. Blöde Witze werden gerissen. Ein Menü als Mutprobe. Auf Nachfrage ist auch Hundefleisch im Angebot. Das erheitert unseren Journalistentisch besonders. Kohl sei ja mit normalen Affären nicht zu stürzen, sagen die Kollegen. Der ewige Kanzler. Aber wenn man in Deutschland Fotos zeigen würde, wie er in China Hundefleisch isst, und neben dem Bericht noch ein

Foto eines süßen chinesischen Welpen, dann sei er weg. Der Abend löst sich in weinseliger Heiterkeit auf. Und Kohl isst keinen Hund, sondern Schweinefleisch süßsauer.

ABHÄNGIGKEIT VON CHINA

China denkt groß und langfristig. Groß, weil ein Land mit rund 1,4 Milliarden Menschen und einem Bruttoinlandsprodukt von über 17,96 Billionen Dollar im Jahr 2022 groß denken muss. Und langfristig, weil China sich langfristiges Denken leisten kann. China hat eine 3.500-jährige Geschichte. Und eine nicht demokratische Staatsform, in der so etwas wie Wahlen, Wahlzyklen oder gar mediale Stimmungsbilder nicht stören.

China denkt und agiert zu Beginn des 21. Jahrhunderts wie eine Monarchie. Es ist ein kommunistisches Königreich. Genauer: eine erzkapitalistisch-kommunistische Funktionärs-Monarchie. Es hat damit in den letzten drei Jahrzehnten ein Modell geschaffen, das lange Zeit unterschätzt wurde, aber schockierend erfolgreich war: totalitärer Staatskapitalismus. Diese Form des ideologisch verbrämten Turbokapitalismus verbindet die Vorteile demokratischer Marktwirtschaften mit der Disziplin totalitärer Regime und schafft seit vielen Jahren schneller Wachstum und Wohlstand als jedes andere Modell weltweit. Wenn China deshalb unser neues Vorbild sein soll, muss die demokratische Welt ihre Werte – vor allem Meinungsfreiheit, Rechtsstaat und Menschenrechte – über den Haufen werfen. Und alle idealistischen und realistischen Klimaziele. Wenn wir das nicht wollen, müssen wir die wirtschaftliche und beginnende politische Unterwerfung gegenüber China so schnell und entschlossen wie möglich beenden.

Bemerkenswert ist, wie es China gelang, in der Weltöffentlichkeit fast wie eine ganz normale demokratische Marktwirtschaft wahrgenommen zu werden. Beim Weltwirtschaftsforum in Davos 2017 zeigte sich Chinas Partei- und Staatschef Xi Jinping, gern Präsident genannt, in den Augen vieler als Stimme wirtschaftlicher Vernunft. „Protektionismus ist wie sich in einen dunklen Raum einsperren. Regen und Wind mögen draußen bleiben, aber auch Luft und Licht", formulierte er in seiner Rede. Sogar einige Mitglieder seiner eigenen Delegation, die im Publikum saßen, lachten laut auf, als er erklärte, wie wichtig der freie Fluss von Ideen, Menschen und Kapital ist. Aber das überwiegend europäische Publikum war begeistert. Donald Trump hatte sich im gerade zurückliegenden Wahlkampf hingegen als populistischer Poltergeist präsentiert – und bestätigte wenige Tage später bei seiner Amtseinführung diesen Eindruck („America First!"). Ich möchte wetten: Wenn man die europäischen Wirtschaftsführer in diesen Tagen gefragt hätte, von wem sie lieber regiert werden möchten – eine Mehrheit hätte für Xi Jinping votiert (und dabei vergessen, dass Donald Trump das Enfant terrible einer erprobten und resilienten Demokratie ist, Xi Jinping hingegen der absolutistische Herrscher einer erprobten und resilienten Diktatur).

Vergessen wird, dass China seit sieben Jahrzehnten mit eiserner Hand von der Kommunistischen Partei Chinas (KPCh) regiert wird, die heute fast 100 Millionen Mitglieder zählt. Dutzende Millionen starben während der „großen proletarischen Kulturrevolution" in einer ideologisch bedingten Hungersnot oder in Arbeitslagern, wo sie wegen falscher Gedanken inhaftiert wurden. Die wirtschaftliche Umstellung des Landes Ende der 1970er-Jahre auf eine Form des streng kontrollierten Staatskapitalismus (oder der „sozialistischen Marktwirtschaft", wie Peking sie seit 1992 nennt) hat nichts an der Tatsache geändert, dass die Partei jedes Jahr eine „zentrale Wirtschaftsplanung" durchführt. Vertreter der KPCh sitzen in den Entscheidungsgremien aller relevanten Unternehmen. China ist und bleibt eine rücksichtslos kontrollierte Diktatur unter dem Deckmantel einer modernen Wirtschaftsmacht.

Und diese Macht hat ehrgeizige Ziele. Die Pläne der chinesischen Eliten und insbesondere ihres Parteichefs Xi Jinping sind klar formuliert. Bis 2049 will China die führende Weltwirtschaftsmacht werden, aber darüber hinaus auch „politisch, kulturell, ethisch, sozial und ökologisch" führend sein. Das versprach Xi Jinping in seiner Parteitagsrede 2017 und er bekräftigte es fünf Jahre später im gleichen Zusammenhang. Hinter dieser auf den ersten Blick harmlosen Formulierung steckt ein ausgeklügelter Plan, der mit klaren historischen Bezügen genau datiert ist. 2049 feiert China das 100. Jubiläum der von Mao Zedong geschaffenen Volksrepublik China. Das Ziel ist ein kommunistischer Einheitsstaat, der den besseren Menschen und die überlegene Nation schafft. Eine auf tausendjährigen Machtansprüchen basierende Vision – im Parteisprech lautet das Ziel „Renaissance der chinesischen Nation" –, die China wieder an die Stelle rückt, an die das Land aus eigener weltgeschichtlicher Perspektive gehört. An die Spitze. Auf Platz 1.

Dieses Zielbild wirtschaftlicher, politischer und kultureller Dominanz aber ist nur durch wirtschaftliche und politische Abhängigkeiten, also durch politischen Einfluss zu erreichen. Wer von China abhängt, muss chinesische Regeln akzeptieren. Das bedeutet konkret: Überwachungsstaatliche Mechanismen und massive Einschränkungen der Meinungsfreiheit werden auch in den abhängigen demokratischen Volkswirtschaften etabliert. Oder die renitenten Länder werden degradiert. Amerika und Europa würden auf diese Weise in der Weltordnung zu Mächten zweiter Klasse: wirtschaftliche Dienstleister.

Beschwichtiger argumentieren gern: China sei primär eine Wirtschaftsmacht, für militärische Offensiven sei das Land viel zu klug. Einen Vorgeschmack, wie naiv das möglicherweise ist, gab der Besuch von Nancy Pelosi, Vorsitzende des US-Repräsentantenhauses, in Taiwan im Sommer 2022. Seit der Ankündigung des hochrangigen Besuchs reagierte China mit Drohungen und entschiedenem Widerstand. Den USA wurde mit „ungeheuerlichen politischen Konsequenzen" gedroht, sollte die Demokratin tatsächlich nach Taiwan reisen, so ein Sprecher des Außenministeriums in Peking. Dennoch landete

Pelosi am 2. August 2022 in Taiwan. Daraufhin verhängte China eine Reihe von Sanktionsmaßnahmen. Der US-Botschafter in Peking wurde einbestellt. Klimagespräche mit den USA eingestellt. Sanktionen gegen Nancy Pelosi verhängt. Weitere Drohungen und Gegenmaßnahmen angekündigt. Aber vor allem: Das größte militärische Manöver seit 1995 wurde gestartet. Unmittelbar nach Nancy Pelosis Landung begann das chinesische Militär ein viertägiges Übungsmanöver. 21 Kriegsflugzeuge der chinesischen Luftwaffe flogen in Richtung Taiwan. Schießübungen wurden in sechs küstennahen Gebieten durchgeführt. Der Flug- und Schiffsverkehr wurde gesperrt, was einer Blockade gleichkam.

Dass China zu pragmatisch für militärische Maßnahmen sei, ist schlicht falsch. Die Fakten sprechen seit Jahrzehnten eine andere Sprache. Mit gigantischen Budgets will China die weltgrößte Streitmacht aufbauen. Schon heute sind die Dimensionen des chinesischen Militärs erdrückend. Laut *Global Firepower*, das seit 2005 jährlich eine Rangliste der militärischen Stärke veröffentlicht, besitzt China zwei Millionen bewaffnete Soldaten, eine weitere halbe Million als Reserve – das sind 37 Prozent mehr als die USA. Das Land verfügt außerdem über fast 180.000 Panzer und gepanzerte Fahrzeuge, 3.300 Flugzeuge und Hubschrauber sowie über 730 Schiffe und mehr als 400 Atomwaffen. Und die Ausgaben für das Militär steigen stark an. Seit 2006 hat China das Budget – laut dem Stockholmer Internationalen Friedensforschungsinstitut – fast versechsfacht auf 293,4 Milliarden US-Dollar im Jahr 2021. Zum Vergleich: Die Ausgaben der USA liegen zwar bei 800 Milliarden US-Dollar, sind im selben Zeitraum aber nur um 43,4 Prozent gestiegen.

Die militärischen Ambitionen Chinas gehen jedoch weit über die offiziellen Verteidigungshaushalte hinaus. Xi Jinping und sein Regime haben in den letzten Jahren wiederholt zur „zivil-militärischen Fusion" aufgerufen – einer Militarisierung aller Teile der Gesellschaft und einer Verwischung der Grenzen zwischen zivilen und militärischen Institutionen. Diese Strategie oder Politik soll die Volksbefreiungsarmee zu einem überlegenen militärischen Organ machen.

Auch auf anderen Gebieten treibt China den globalen Führungsanspruch für das Jahr 2049 voran. Forschung wird als strategisches Instrument erkannt und mit aller Macht gefördert. Ein Schlüsselfaktor beim Erreichen chinesischer Globaldominanz ist künstliche Intelligenz (KI). Sie wird zum Machtinstrument Nummer 1. Wer in Innovation, Weiterentwicklung und Nutzung künstlicher Intelligenz dominiert, dominiert die Welt. Deshalb findet das neue Wettrüsten nicht mehr nur mit konventionellen Waffen zwischen Osten und Westen statt, sondern mit Daten und KI zwischen China und Amerika. Europa ist abgehängt und spielt auf diesem Gebiet keine wirklich relevante Rolle mehr. Die ehemals eindeutig dominierende KI-Supermacht Silicon Valley wird herausgefordert. China holt in Höchstgeschwindigkeit auf.

Im Jahr 2020 übertraf China die USA zum ersten Mal bei der Anzahl der veröffentlichten wissenschaftlichen Artikel über KI, die zitiert wurden. Bis vor Kurzem war hier die USA klar führend. Ein Grund für Chinas Aufstieg als KI-Supermacht ist die Fülle an Daten, die das Land generiert. Bis 2030 wird China schätzungsweise fünf Milliarden Geräte haben, die über das Internet der Dinge verbunden sind. Und wo die globale technologische Überlegenheit noch nicht gegeben ist, helfen Überwachung und Verbote weiter.

China hat ChatGPT von Anfang an verboten und fördert stattdessen den hausgemachten Bot Ernie von Baidu. Dieser Lokalrivale von ChatGPT steht im Einklang mit Chinas strenger Zensur. Wenn eine kritische Frage über das Regime oder eine in Ungnade gefallene Person gestellt wird, schlägt der Bot lediglich vor, ein neues Gespräch zu beginnen. China hat ein tiefes Verständnis für die Macht von KI-Antwortmaschinen. Indem die Regierung die Algorithmen kontrolliert, steuert sie die Denkweise der Bürger. Wettbewerb oder Vielfalt sind nicht erwünscht.

Dabei reichen die Ambitionen längst über die eigenen Landesgrenzen hinaus. Die Anhörung von TikTok vor dem Kongress im März 2023 war nur ein Beispiel dafür. Die Signale der chinesischen Regierung waren eindeutig: Sollten die USA einen Verkauf von TikTok aufgrund schwerwiegender Bedenken hinsichtlich der Daten und des Datenschutzes erzwingen, so würde dies auf den entschiedenen Widerstand Chinas stoßen. Das chinesische Handelsministerium erklärte: „Den Verkauf von TikTok zu erzwingen wird das Vertrauen von Investoren aus der ganzen Welt, auch aus China, in Investitionen in den USA ernsthaft beschädigen." Eine Aussage, die bestätigt, was lange geleugnet wurde: TikTok ist ein Werkzeug im ureigenen Interesse und unter dem Einfluss der KPCh.

KI kann viel. Und oft viel mehr, als ethisch wünschenswert oder akzeptabel erscheint. Deshalb gibt es in demokratischen Gesellschaften – auch und gerade in den USA – klare regulatorische Grenzziehungen. Nicht alles, was geht, ist auch erlaubt. Gerade auf dem Gebiet der Überwachung und Manipulation hemmen Auflagen und Gesetze Exzesse einer sich gegen die Menschenwürde richtenden KI. Nicht so in einer Diktatur wie China. Hier ist der regulatorische Rahmen wesentlich lockerer oder besser: zielgerichteter. Erlaubt ist alles, was dem Interesse des chinesischen Einheitsstaates und der Kommunistischen Einheitspartei dient. Ein ungleich größerer Datenschatz, basierend auf einer Bevölkerung von 1,4 Milliarden Menschen in Verbindung mit einem ethisch nicht gebremsten Regulierungsrahmen, schafft unschlagbare Vorteile in puncto Geschwindigkeit und Qualität der Entwicklung. Die globale Dominanz Chinas besteht entweder schon. Oder es ist nur eine Frage weniger Jahre, bis sie erreicht wird. Die Frage ist dann, wie die demokratische Welt damit umgeht. In welcher globalen Governance KI prosperieren wird. Unilateral oder bilateral? Basierend auf Gesetzen und Regeln? Oder basierend auf dem Recht des Stärkeren? Die Implikationen dieser Fragen sind entscheidend für die Weltordnung und den Fortbestand der Demokratie.

Aber KI ist nur eines der beiden wichtigsten neuen Felder, auf denen das bilaterale Wettrüsten stattfindet. Das zweite Gebiet, auf dem sich die Machtfragen der Zukunft entscheiden, ist Biotechnologie und Gen-Engineering. Staatskapitalismus bietet auch hier Vorteile. Chinesische Ärzte manipulieren bereits das Erbgut von Kindern. Mit dem CRISPR/Cas9-Verfahren verändern sie die DNA beispielsweise, um Kinder vor einer HIV-Infektion zu schützen. In China erscheint es perspektivisch denkbar und wünschenswert, Kinder vor der Geburt zu optimieren. Genmanipulation und das CRISPR-Verfahren können nicht nur Krankheiten verhindern, sondern Weichen hin zum perfekt designten Menschen stellen. Geschlecht nach Wahl, Haarfarbe und Augenfarbe auf Bestellung, Manipulation der Größe, ja selbst ein höherer Intelligenzquotient scheinen denkbar. Biotech wird so zum Instrument eines Wettbewerbsvorteils im globalen Ringen um Vormacht.

Das wohl größte „Forschungsprojekt" auf diesem Gebiet läuft seit Ende 2017. Laut einem Bericht der *New York Times* aus dem Jahr 2020 sammelt die chinesische Polizei Blutproben von rund 700 Millionen Männern und Jungen, um eine genetische Datenbank zu füllen. Es ist der Versuch, die Bevölkerung mithilfe von Genetik zu überwachen. Laut einer Studie des australischen Strategic Policy Institute werden sogar Schulen miteinbezogen. Das Sammeln von DNA ist in China nicht neu. Immer wieder wurde die DNA bestimmter Gruppen untersucht. In Tibet soll die Polizei bereits die DNA von rund einem Drittel der dortigen Bevölkerung besitzen. Der Aufbau einer landesweiten Datenbank erreicht so eine neue Dimension. Warum vor allem die DNA von Männern gesammelt wird, hat einen einfachen Grund: Männer begehen mehr Verbrechen als Frauen. Neben der Verbrechensbekämpfung – die ganze Gruppen unter Generalverdacht stellt – öffnet die DNA-Datenbank Tür und Tor für soziale Kontrolle und Manipulation. Erkenntnisse aus der Analyse der DNA etwa über Krankheiten oder Behinderungen können zum Nachteil für Betroffene eingesetzt werden.

Alles wird penibel von der Kommunistischen Partei geplant und überwacht, getreu dem Satz von Parteichef Xi Jinping: „Sie [die Partei] muss jeden Aspekt des Lebens in China leiten." Das beinhaltet die Kontrolle über Schulen, Medien und die Zensur des Internets. Alleine mit der Kontrolle des Internets sind in China mehr als zwei Millionen Menschen beschäftigt. Im Jahr 2021 wurde berichtet, dass Chinas Internetpolizei „bis an die Grenzen ausgelastet" sei und die

Behörden den Einsatz von Bots und KI in Erwägung zögen. Im August 2022 wurden Keylogging-Funktionen gefunden, die jeden Buchstabenanschlag auf einem Smartphone aufzeichnen. Experten entdeckten ein solches Programm – neben anderen Funktionen zur Massendatenerfassung – auch in der KPCh-App Xuexi Qiangguo („Studieren und die Nation stärken"). Diese App ist für Parteimitglieder und Mitarbeiter der öffentlichen Verwaltung Pflicht. Die Videoüberwachung in Städten ist mit modernster Gesichtserkennung und Bewegungsmeldern perfektioniert. Berichten zufolge hat China Polizeidienststellen im Ausland, insbesondere in Europa, eingerichtet, über die es Dissidenten zur Rückkehr nach China „überreden" will.

Die Kontrolle der Geburten unterliegt sich stets wandelnden zentralstaatlichen Interessen. Jahrzehnte war es wünschenswert, die Reproduktionsrate zu reduzieren. Die Einkindpolitik wurde mit eiserner Hand implementiert und überwacht – wer mehr als ein Kind bekam, musste mit hohen Strafzahlungen rechnen. In der Folge waren Kindermorde aus Angst keine Seltenheit. 2016 wurde die Einkindpolitik offiziell abgeschafft und zwei Kinder waren erlaubt, weil Bevölkerungswachstum wieder wünschenswert erschien. Seit 2021 darf jedes Paar sogar drei Kinder bekommen – was aber nicht für alle Minderheitengruppen gilt. Angesichts der Geburtenrückgänge und der zunehmenden Vergreisung der Gesellschaft steht die Partei unter Druck und diskutiert sogar, Abtreibungen zu verbieten.

Seit 2012 ist Xi Jinping Generalsekretär des Zentralkomitees der KPCh, seit dem 14. März 2013 ist er Staatsoberhaupt. Laut Parteigeschichte endet mit Beginn der Ära unter Xi die Reform- und Öffnungszeit, die Deng Xiaoping begründet hatte. Für die Partei ist das eine historische Zäsur, die in der demokratischen Welt lange ignoriert beziehungsweise in ihrer Bedeutung verkannt wurde. Seitdem baut Xi Jinping das Land nach seinen Vorstellungen um und weitet seine Macht zielstrebig aus. Die Herrschaft der Partei ist in der Verfassung verankert – auch wenn die Verfassung in China keine große Relevanz hat. Xi Jinping hat die Konsensregel an der Spitze der Partei aufgegeben, lehnt jegliche Gewaltenteilung ab und hat die Amtszeitbeschränkungen für sich selbst abgeschafft. Er kann damit zeitlich unbegrenzt herrschen. Viele sprechen bereits von einem Personenkult wie bei Mao Zedong.

XI Jinping betreibt die Zementierung feudaler Verhältnisse in der kommunistischen Volksrepublik. Und modernisiert das Land – als technologisch einzigartig perfektionierten Überwachungsstaat. Unter Xi Jinping ereignet sich also „Wandel durch Handel" – aber Wandel hin zu einem immer totalitäreren Staat. Xi Jinpings persönliche Vision, die „große Verjüngung" Chinas, hat ein sehr starkes rassisches Element. Implizit – und manchmal auch explizit – bezieht sich die Verjüngung eindeutig auf die Vergrößerung der Volksgruppe der Han-Chinesen, die mehr als 90 Prozent der chinesischen Bevölkerung ausmacht. Das alles zum Nachteil der (chinesischen) ethnischen Minderheiten.

Schon in den 90er-Jahren wurde nach dem Tiananmen-Massaker ab der Grundschule das Fach „Patriotische Erziehung" eingeführt. Seit 2021 gibt es spezielle Lehrbücher. Unter dem Deckmantel des Schutzes von Kindern wird alles verboten, was zu westlich ist. Mitte der 2010er-Jahre kursierten im Internet vermehrt Fotokollagen von Xi Jinping und der in China sehr beliebten Kinderbuchfigur Pu der Bär – viele stellten eine gewisse Ähnlichkeit zwischen den beiden fest. Daraufhin wurde die Verwendung der Figur von Autor A. A. Milne in Verbindung mit Xi Jinping verboten. Video-Nachhilfeunterricht aus dem Ausland, aber auch private chinesische Nachhilfeklassen vor Ort sind inzwischen generell untersagt, weil ihre Inhalte für den Staat schwerer zu kontrollieren sind.

Auch in der Wirtschaftspolitik hat sich der Wind gedreht. Nachdem chinesische Tech-Unternehmen jahrelang in der Gunst der chinesischen Führung gestanden hatten, sind die Vorzeichen inzwischen andere. Der Börsengang des Bezahldienstes Ant, einer Alibaba-Tochter, wurde zwei Tage vorher abgesagt, weil sich die chinesische Führung an Aussagen von Alibaba-Chef Jack Ma störte. Danach war Jack Ma für mehr als zwei Jahre aus der Öffentlichkeit praktisch verschwunden.

Angst und Einschüchterung sind die wichtigsten Ingredienzen zur Festigung des Regimes der Kommunistischen Partei Chinas. Weltweite Schlagzeilen machte der Fall Liu Xiaobo. Der ehemalige Präsident der chinesischen Gruppe des Autorenverbandes PEN wurde im Dezember 2008 wegen „Untergrabung der Staatsgewalt" festgenommen und zu elf Jahren Haft verurteilt. Er hatte gemeinsam mit etwa 300 anderen Intellektuellen die „Charta 08" zum Tag der Menschenrechte veröffentlicht, die zu mehr Demokratie aufrief. 2010 erhielt er in Abwesenheit – sein Stuhl blieb symbolisch frei – den Friedensnobelpreis. Die Liste der Länder, die die Verleihung boykottierten, spricht für sich: Afghanistan, Ägypten, China, der Irak, Iran, Kasachstan, Kolumbien, Kuba, Marokko, Pakistan, die Philippinen, Russland, Saudi-Arabien, Serbien, der Sudan, Tunesien, die Ukraine (der damalige Präsident war Putin-Freund Wiktor Fedorowytsch Janukowytsch), Venezuela und Vietnam. Norwegen, das Land, in dem die Auszeichnung vergeben wurde, bekam anschließend den Zorn Pekings zu spüren. Die diplomatischen Beziehungen wurden für sechs Jahre auf Eis gelegt. 2017 starb Xiaobo an Leberkrebs in einem chinesischen Krankenhaus. Eine Behandlung im Ausland wurde ihm verwehrt. Und selbst um seine Bestattung gab es noch eine Kontroverse. Die Asche des Toten wurde im Meer verstreut. Man wollte keine Gedenkstätte schaffen.

Das chinesische „Rechtssystem" ist gnadenlos. Vergehen werden hart bestraft. Kein Land verhängt und vollstreckt die Todesstrafe so häufig wie China. Der Iran hat 2021 laut Amnesty International mindestens 314 Menschen hingerichtet, Ägypten mindestens 83. In den USA waren es elf. In China werden nach Angaben von Amnesty International jedes Jahr mehrere Tausend hingerichtet. Genaue Zahlen gibt es nicht, weil das Regime sie unter Verschluss hält.

Seit Jahren wird sogenanntes „Social-Scoring" in immer mehr Städten getestet. Bürger – aber auch Unternehmen und Organisationen – sollen anhand eines Punktesystems bewertet werden. Für „richtiges" Verhalten werden Punkte hinzuaddiert, für „falsches" Verhalten Punkte abgezogen. Wer einen schlechten Wert vorzuweisen hat, bekommt schwieriger Kredite, schlechtere Versicherungen und hat es schwerer, eine Wohnung zu finden oder Karriere zu machen. Wer gute Werte hat, kommt leichter an Visa oder billigere Flugtickets. Menschen, die unter dem System leiden, äußern sich naturgemäß nicht. Häufig hört man indessen von Chinesen, dass sie mit dem „Social-Scoring" gar keine Probleme haben. Nach dem Motto: Wer nichts zu verbergen hat, hat auch nichts zu befürchten. Und wer sich gut benimmt, genießt Vorteile. Gerade junge Menschen haben sich mit dem Mechanismus schnell arrangiert. Und dafür gibt es einen Grund. Die Mechanik von Strafe und Belohnung ist bewusst der Welt der Computerspiele entlehnt. Ein besonders aufschlussreiches Argument zur Unterstützung des Scorings ist Folgendes: Früher konnte in China jemand nur durch eine Behauptung Dritter denunziert und bestraft werden. Es war völlig unberechenbar, subjektiv und willkürlich. Heute wird wenigstens alles überwacht, aufgezeichnet und damit sozusagen objektiv dokumentiert. Damit ist der Umgang mit der Kommunistischen Partei und dem Staat berechenbarer geworden – Überwachung als Garant für mehr Gerechtigkeit.

Die Kontrolle der eigenen Bevölkerung erfolgt systematisch durch Audio- und Videoüberwachung. Stimme, Gesicht und Bewegungsprofil werden mit dem Verhalten im Netz und weiteren Daten verbunden. Von geschätzt einer Milliarde Kameras weltweit befindet sich mehr als die Hälfte in China. Unter den zwölf Städten mit den weltweit meisten Kameras pro Einwohner im Jahr 2021 liegen neun in China.

Ein weiteres wichtiges Kontrollinstrument ist die App WeChat. Damit können Chinesen chatten und telefonieren, aber auch bezahlen, Lebensmittel aus allen erdenklichen Läden bestellen, über Lieferdienste ihr Lieblingsessen aus allen möglichen Restaurants der Stadt kommen lassen, Taxis ordern, Jobs suchen, Standorte teilen, Arzttermine und Visa beantragen. Die App ist mit dem Personalausweis verbunden und ohne sie geht in China quasi nichts. Der Staat liest alles mit. Nicht selten kommt es vor, dass Nutzern die App gesperrt wird, wenn sie beispielsweise eine verdächtige Person anrufen oder eine private Nachricht senden, die von Beobachtern oder der staatlichen Software als aufrührerisch oder verdächtig eingestuft wird. Dann muss die App aufwendigst wieder freigeschaltet werden. Digitale Diktatur made in China.

Ein bekannter chinesischer Popstar erzählte mir einmal, dass jede Fan-Nachricht, die er erhält oder auf die er antwortet, überwacht wird, jede Zeile seiner Liedtexte wird zensiert.

Seit der Pandemie läuft über WeChat auch die sogenannte „Health App", die unter dem Deckmantel der Pandemie-Bekämpfung einen Ausblick darauf gibt, wie Kontrolle laufen kann. Nur wer einen grünen Code hat – und damit „versichert", weder Corona noch Kontakt zu einer infizierten Person zu haben –, kann sich frei bewegen. An Eingängen des eigenen Wohnblocks, von öffentlichen Gebäuden, Supermärkten und Einkaufszentren muss man über einen QR-Code einchecken und den Code vorzeigen: Ist dieser nicht grün, sondern orange oder rot, wird einem der Eintritt verwehrt und man muss sich bei der lokalen Gesundheitsbehörde für weitere Instruktionen melden. Je nach Umstand wird man entweder direkt in ein Isolationskrankenhaus oder in Heim-Quarantäne geschickt. Wie der Gesundheitsstatus politisch genutzt werden kann, hat etwa ein Fall in der Provinz Henan gezeigt: Im Juni 2022 nahm eine Gruppe einen Zug, um an einer Demonstration in der Provinzhauptstadt Zhengzou teilzunehmen. Beim Ausstieg am Bahnhof war ihr Gesundheitsstatus plötzlich rot. Sie wurden unverrichteter Dinge sofort nach Hause zurückgeschickt und verpassten die Demonstration. Experten nennen die „Health App" eine moderne Fußfessel.

Im größeren Stil gilt diese Überwachung auch für den Umgang mit den Uiguren. Zuletzt haben 2022 ausführliche Recherchen eines internationalen Konsortiums von 14 Medienunternehmen die Unterdrückung der muslimischen Minderheit in China dokumentiert. Fast elf Millionen Uiguren leben in China. Zum Vergleich: Die größte und dominierende Volksgruppe, die Han-Chinesen, umfasst rund 1,2 Milliarden Menschen. Sie haben an Checkpoints eine „Schnell"-Spur und werden auch sonst in vielen Lebensbereichen bevorzugt. Die chinesische Regierung siedelt Han-Chinesen außerdem in Regionen an, wo sie die Bevölkerungsstruktur verändern will. Im Sinne eines homogenen Einheitsstaates stellt die KPCh Muslime hingegen unter Generalverdacht und sperrt sie seit Jahren in Umerziehungslager. Millionen Uiguren werden willkürlich unter menschenunwürdigen Bedingungen festgehalten, einer intensiven Gehirnwäsche unterzogen und in ihrem Alltag überwacht. Der Technologiekonzern Huawei etwa hat 2020 bereits Software getestet, die Angehörige der Uiguren automatisch anhand des Gesichts erkennt. Wenn bei Kontrollen ein Uigure identifiziert wird, wird ein „Uiguren-Alarm" ausgelöst. Überwachung und Kontrolle machen auch vor der Intimsphäre nicht halt. Berichten zufolge wurden Frauen dazu gezwungen, sich Spiralen zur Empfängnisverhütung einsetzen zu lassen oder einen Schwangerschaftsabbruch durchzuführen. Bisher wurde UN-Vertretern der Zugang zu den Lagern nicht gestattet. Nicht wenige Länder werfen China inzwischen Völkermord vor. China bestreitet die Existenz der Lager mittlerweile nicht mehr, nennt sie jedoch Berufsausbildungszentren.

Die Tibeter wurden schon Opfer der kulturellen Unterwerfung, als China vor mehr als 70 Jahren in das Gebiet an der Himalaya-Kette einmarschierte. Und noch heute wird jede Begegnung eines Politikers mit dem Dalai Lama in China als Provokation verbucht, die diplomatische Konsequenzen nach sich zieht.

In Tibet ist die Unterdrückung vollendet, in Hongkong ist sie in vollem Gange. 1984 erklärte sich Großbritannien dazu bereit, die Kolonie zum 1. Juli 1997 zu übergeben. China sicherte Hongkong für 50 Jahre weitgehende Autonomie zu. Vor allem, weil Hongkong in den 90er-Jahren der wichtigste Handelshafen für China war, ließ sich die KPCh auf diesen Deal ein.

Mit der Aufnahme Chinas in die WTO im Jahr 2001 und dem Bau neuer Heimathäfen nahm die Abhängigkeit jedoch immer weiter ab und China erhöhte den Druck auf die Sonderverwaltungszone, was in der Bevölkerung zu Protesten führte. Erst die „Regenschirm-Proteste" für freie Wahlen 2014 und schließlich die Proteste 2019 gegen ein Gesetz, das die Auslieferung von Gefangenen beziehungsweise jedem, der von der KPCh gesucht wird, aufs Festland erlauben sollte. Zum Gesicht des Protests wurde Joshua Wong, der schon seit 2011 im Alter von 14 Jahren als Menschenrechtsaktivist aktiv ist und deswegen immer wieder im Gefängnis landete. Bei einem Besuch in der deutschen Hauptstadt sagte er, Hongkong sei das neue Berlin in einem neuen Kalten Krieg. Dass er sich mit deutschen Politikern, unter anderem dem damaligen Außenminister Heiko Maas, fotografieren ließ, gefiel der Führung in Peking gar nicht.

Als wir uns am letzten Abend seines Deutschland-Besuchs auf einer Dachterrasse des Reichstags in Berlin unterhalten, frage ich ihn, warum er wieder nach Hongkong zurückgehe. Wong antwortet: Weil ich all die, die für die Freiheit kämpfen, nicht alleine lassen kann. Aber Sie wissen schon, dass das Gefängnis und existenzielle Risiken bedeuten kann? Ja, das weiß ich. Wenige Wochen später erreicht uns die Nachricht von Wongs Inhaftierung. Offizielle Begründung: Teilnahme an einer unerlaubten Versammlung.

Auch im Umgang mit Taiwan hat sich die demokratische Welt über lange Jahre hinweg dem wachsenden Druck der Volksrepublik China gebeugt. Taiwan, offiziell die Republik China, kämpft seit jeher um seine Unabhängigkeit. Doch anstatt mit beiden Ländern zumindest gleichartige diplomatische Beziehungen zu pflegen, wird Taiwan von den meisten wie eine illegitime Bewegung behandelt. In Deutschland gibt es, wie in den USA, keinen Botschafter, sondern nur einen „Vertreter". Der äußerst belesene, ehemalige Germanistikstudent und Politikvermittler Professor Dr. Jhy-Wey Shieh wird als Persona non grata behandelt. Niemand in der Wirtschaft und nur sehr, sehr wenige Menschen in politischen Kreisen wollen mit ihm gesehen oder – noch schlimmer – fotografiert werden. Im Oktober 2022 nahm ich am Nationalfeiertagsempfang der Taipeh-Vertretung in Deutschland teil. Die einzige Person, die ich kannte, war ein Korrespondent einer Axel-Springer-Publikation. Ich überprüfte die Gästeliste: kein einziger relevanter Regierungsvertreter, kein einziger Wirtschaftsführer von Bedeutung. Es war die am meisten gemiedene Veranstaltung des Jahres in der deutschen Hauptstadt.

Die Volksrepublik China sieht sich als einzig legitime Regierung des chinesischen Territoriums. Und beabsichtigt die „friedliche Wiedervereinigung" aller Gebiete unter ihrer Führung – auch Taiwan, obwohl die Inselgruppe, anders als Hongkong oder Macau, noch nie unter kommunistischer Führung stand. Um diese „Wiedervereinigung" – der Euphemismus ist psychologisch geschickt gewählt – werde man „um jeden Preis" und „bis zum Ende kämpfen", drohte Pekings Verteidigungsminister Wei Fenghe am 12. Juni 2022 auf der Shangri-La-Sicherheitskonferenz in Singapur. Über seine Rede berichteten die führenden Medien der Welt ausführlich.

Die Wortwahl ist bemerkenswert und muss viele – gerade angesichts von Putins Angriffskrieg gegen die Ukraine – überrascht haben, die in China den friedlich-pragmatischen Wirtschaftswachstumsvisionär sehen wollen. „Diejenigen, die eine Unabhängigkeit Taiwans anstreben, um China zu spalten, werden definitiv kein gutes Ende nehmen. [...] Niemand sollte jemals die Entschlossenheit der chinesischen Streitkräfte unterschätzen, um Chinas territoriale Integrität zu schützen."

Im Rahmen seiner landesweiten Mobilitäts- und Autobahnausbaupläne hat China wiederholt die Absicht geäußert, Taiwan verkehrstechnisch an das Festland anzuschließen – ein unpopuläres Konzept, das ohne die Zustimmung oder Mitwirkung Taiwans geplant wird. Die Pläne wurden in den letzten Jahren mit der Vorlage des Nationalen Autobahnnetzplans im Jahr 2022 konkreter, der darauf abzielt, alle Netzerweiterungen bis 2035 abzuschließen. Dieser Tunnel oder diese Brücke könnte das späteste Fälligkeitsdatum für Chinas „Wiedervereinigungs"-Ambitionen markieren. Wenn Taiwan nach 2035 unabhängig bleibt, würde die chinesische Regierung ihr Gesicht verlieren. Die aktuelle konjunkturelle Schwäche der chinesischen Wirtschaft könnte einen viel früheren Zeitpunkt nahelegen – als dringend benötigtes Zeichen der Stärke XI Jinpings.

Am 13. Januar 2024 gewann William Lai von der regierenden Demokratischen Fortschrittspartei (DPP) mit 40 Prozent der Stimmen die Präsidentschaftswahlen in Taiwan. China, das die Wahl zuvor als

Entscheidung zwischen „Frieden und Krieg, Wohlstand und Niedergang" dargestellt hatte, wies das Ergebnis mit der Begründung zurück, die DPP repräsentiere nicht die öffentliche Meinung. Darüber hinaus erklärte ein Sprecher des Büros für Taiwan-Angelegenheiten, die Wahl könne weder die Entwicklung der Beziehungen zwischen China und Taiwan noch den Wunsch beider Seiten nach Annäherung ändern. Die Glückwünsche aus der demokratischen Welt an den neuen Präsidenten lösten Empörung aus.

Taiwan ist ein symbolischer Testfall mit Auswirkungen auf die gesamte Weltordnung. Wenn die Ukraine fällt, fällt höchstwahrscheinlich auch Taiwan. Wenn Taiwan fällt, weil die demokratische Welt wehrlos war, beginnt die Unterwerfung.

China macht aus seinen Ambitionen in der Taiwan-Frage keinen Hehl. So schreibt die KPCh in einem 2022 erschienenen Strategiepapier: „Unter der starken Führung des Zentralkomitees der Kommunistischen Partei Chinas mit Xi Jinping als Kern haben die Kommunistische Partei Chinas und die chinesische Regierung neue und innovative Maßnahmen in Bezug auf Taiwan ergriffen." Im Ergebnis „rollt das Rad der Geschichte weiter in Richtung der nationalen Wiedervereinigung und es wird von keinem Einzelnen und keiner Kraft aufgehalten werden". Die Regierung Taiwans (im Gegensatz zur KPCh frei gewählt) müsse „beseitigt" werden. Und die Drohungen werden recht konkret. Eine Wiedervereinigung mit friedlichen Mitteln sei die „erste Wahl" der chinesischen Regierung. „Aber wir verzichten nicht auf die Anwendung von Gewalt und behalten uns die Möglichkeit vor, alle notwendigen Maßnahmen zu ergreifen."

Im Jahr 2021 standen weltweit die Fabriken großer Automobilhersteller wie Volkswagen, Opel, BMW, GM und Daimler still, weil China mit seiner Produktion von Mikrochips nicht Schritt halten konnte. Die Automobilindustrie hat dadurch Umsätze von circa 240 Milliarden US-Dollar verloren. Ein kleines Vorspiel für das, was passieren würde, wenn Taiwan zeitnah durch China annektiert wird. Die Bedeutung des Landes auf dem globalen Mikrochip- und Halbleitermarkt ist für Peking zum zusätzlichen Anreiz für eine Übernahme

Taiwans geworden. Taiwan kontrolliert 90 Prozent der Produktion der fortschrittlichsten Halbleiter. China ist schon jetzt einer der führenden Hersteller von seltenen Erden wie Lithium oder Kobalt, die beim Bau von Batterien, Smartphones und anderen Produkten verwendet werden. Tatsächlich importiert Europa 98 Prozent seines Bedarfs an seltenen Erden aus China. Langfristig könnten Amerika und Europa sich von dieser Abhängigkeit lösen, kurzfristig nicht. Auch hier sitzt China an einem Hebel, der die amerikanische und europäische Wirtschaft über Nacht schwächen, wenn nicht weitgehend paralysieren könnte. Die politischen Implikationen sind offenkundig. Die USA werden sich gründlich überlegen, für eine militärische Verteidigung der taiwanesischen Unabhängigkeit die Funktionsfähigkeit des Silicon Valley aufs Spiel zu setzen.

Die Abhängigkeit der westlichen Welt nimmt auch ohne das Sonderrisiko Taiwan immer weiter zu – besonders dramatisch in der größten Volkswirtschaft der Europäischen Union, in Deutschland. 2020 wurden rund sieben Prozent der deutschen Direktinvestitionen in China realisiert. Vor 20 Jahren war es nur ein Prozent. China ist für Deutschland nicht nur als Absatzmarkt hochattraktiv. Vor allem als verlängerte Werkbank zu Niedriglöhnen macht China Produkte des täglichen Gebrauchs – und damit das Leben an sich – billiger. Die zu Axel Springer gehörende *WELT am Sonntag* hat in einer Recherche 2020 verschiedene in China hergestellte Produkte betrachtet und ausgerechnet, was das gleiche Gut bei vergleichbarer Herstellung in Deutschland kosten würde. Das Ergebnis war schockierend: Würde man zum Beispiel ein Kuscheltier für Kleinkinder ausschließlich in Deutschland – mit hiesigen Rohstoffen und Arbeitskräften fertigen – würde es statt rund zwölf Euro 35 Euro kosten. Durch ausgelagerte Produktion in China – zu Bedingungen, die in Europa allen rechtlichen und ethischen Standards widersprechen würden – gewöhnen wir unsere Bürger an Preise, die mit unserer Kostenrealität nichts zu tun haben. Während hierzulande immer höhere soziale Standards für Arbeitnehmer durchgesetzt werden, verlagern wir immer mehr Arbeit nach China – wo teilweise unter menschenunwürdigen Bedingungen, zu Hungerlöhnen und immer noch unter Einsatz von Kinderarbeit billigst produziert wird.

Lange Zeit galt in China ein sogenannter Joint-Venture-Zwang. Wer als ausländische Firma in China produzieren wollte, konnte dies nur mit einem chinesischen Partner machen. Das bedeutete, dass zum einen große Gewinne in China blieben, zum anderen aber auch, dass ein Technologietransfer stattfand. Ende des letzten Jahrzehnts wurden diese Regeln aufgeweicht. Wohl auch, weil China inzwischen selbst starke Player in der Autoindustrie hat.

Trotz dieser Regeln war und ist China der bedeutendste Markt für die deutsche Autoindustrie. VW verkauft mehr als 40 Prozent seiner Autos in China. Bei den Konkurrenten Daimler und BMW sind es jeweils rund 33 Prozent. Diese besonders wichtige Industrie sorgt für fast 800.000 Arbeitsplätze in Deutschland und für einen großen Teil der gesamten europäischen Direktinvestitionen in China. Zusammengenommen waren BMW, VW, Daimler und auch BASF laut einer Studie der Rhodium Group für ein Drittel der europäischen Geldströme nach China von 2018 bis 2021 verantwortlich.

Gleichzeitig versuchen chinesische Autobauer immer mehr in Europa Fuß zu fassen. Durch Akquisitionen und Investitionen. Oder auch Partnerschaften, wie das Beispiel Sixt und BYD zeigt. In der Absicht, bis 2030 70 bis 90 Prozent seiner Flotte zu elektrifizieren, hat Sixt sich im Oktober 2022 dazu verpflichtet, bis 2028 mehr als 100.000 E-Autos des chinesischen Autobauer BYD für die heimische Flotte zu kaufen. Ein deutsches Unternehmen beschließt also, 100.000 Autos von einem Unternehmen zu kaufen, das von einem totalitären kommunistischen Regime subventioniert wird. Ob das ein Zufall ist oder eher die Strategie der KPCh, die deutsche Autoindustrie zu schwächen, nachdem genug Know-how nach China transferiert wurde, ist eine interessante Diskussion. Eine, an der sich kein deutscher Mobilitäts-CEO zu beteiligen wagt – denn sie alle sind bereits finanziell von China abhängig. Wie eine symbolische Demütigung wirkt da folgende Nachricht im Januar 2024: BYD löst VW ab und wird 2024 neuer Automobilpartner und Sponsor der UEFA-Fußball-Europameisterschaft in Deutschland.

Ein weiteres Menetekel ist das Erlebnis des früheren Vorstandsvorsitzenden von Daimler, Dieter Zetsche. Mercedes verkaufte 2021 rund 735.000 von insgesamt 2,1 Millionen Fahrzeugen in China. Zwei chinesische Unternehmen halten heute zusammen fast 20 Prozent an dem Stuttgarter Autobauer. Die Beziehungen zwischen Daimler und dem Reich der Mitte sind also intensiv und jegliche Störung dieses Verhältnisses kann ernste Folgen für das Geschäft haben.

Am Montag, 5. Februar 2018, postet die Kommunikationsabteilung von Mercedes bei Instagram das Foto eines weißen Mercedes mit einem harmlosen Zitat des Dalai Lama. „Betrachte eine Situation von allen Seiten und du wirst offener werden." Für die Chinesen, für die der Dalai Lama, der wahrscheinlich friedlichste Mensch der Welt, Staatsfeind Nummer 1 ist, eine Provokation. Im Netz brach eine Welle der Entrüstung los. Kurz darauf, am Dienstag, löschte Mercedes den Post. Und entschuldigte sich auf dem chinesischen Kurznachrichtendienst Weibo. Man habe die „Gefühle des chinesischen Volkes zutiefst verletzt". So richtig beruhigte die chinesische Regierung das jedoch nicht. Die Pekinger *Volkszeitung* bezeichnete Daimler am Mittwoch als „Volksfeind". Daraufhin holte Mercedes zur ganz großen Entschuldigungsgeste aus. Unternehmenschef Zetsche schrieb am selben Tag einen Brief an den chinesischen Botschafter in Deutschland, Shi Mingde. Man bedauere den Fehler, der die Menschen in China verletzt habe. Daimler habe nie die Absicht verfolgt, „Chinas Souveränität und territoriale Integrität infrage zu stellen". Und man helfe niemandem, der die chinesischen Gebietsansprüche vorsätzlich untergräbt. Der Brief wurde in chinesischen Medien veröffentlicht. Ein größerer Kotau ist kaum denkbar. Der CEO eines der größten Autohersteller der Welt entschuldigt sich zweimal bei der chinesischen Regierung, weil in einem von Zehntausenden von Werbemotiven des Konzerns eine Person mit einem völlig harmlosen Satz zitiert wird. Nur weil diese Person der Kommunistischen Partei nicht passt. Dies zeigt die Unterwerfung eines der weltweit führenden Automobilunternehmen – gefangen in der Handelsfalle.

2019 führe ich ein kurzes Gespräch mit dem CEO eines großen deutschen Mobilitätsunternehmens. Ich frage, was für ihn in den nächsten fünf Jahren die allerwichtigste strategische Priorität sei. Seine Antwort verblüfft und schockiert mich bis heute. Die wichtigste Aufgabe ist es, einen chinesischen Ankerinvestor zu finden und sicherzustellen, dass das wirtschaftliche Wohlergehen des Unternehmens im Interesse des chinesischen Staates ist. Wenn es das nämlich nicht ist, dann ist dieses Unternehmen erledigt. Und ein paar Hunderttausend Arbeitsplätze gleich mit.

In dieses Bild passt auch ein *BBC*-Interview mit Volkswagen-CEO Herbert Diess. Der VW-Chef wird zum Werk in der Region Xinjiang gefragt, in der Millionen von Uiguren leben, und wie er zu Menschenrechtsverletzungen in China, insbesondere den Uiguren-Lagern, stehe. Das Gespräch im Wortlaut:

Reporter: „Und sind Sie stolz darauf, mit dem in Verbindung gebracht zu werden, was China in diesem Teil der Welt tut?"

Diess: „Nein. Aber wir sind sehr stolz darauf, Arbeitsplätze in dieser Region zu schaffen, was wir für sehr nützlich halten."

Reporter: „Aber Xinjiang ist etwas, auf das Sie nicht stolz sind, wenn es darum geht, was die chinesische Regierung mit den Uiguren macht?"

Diess: „Ich kann das nicht beurteilen. Sorry."

Reporter: „Sie können es nicht beurteilen?"

Diess: „Nein."

Reporter: „Aber Sie wissen es?"

Diess: „Nein, ich weiß nicht, worauf Sie anspielen."

Reporter: „Sie wissen nichts von Chinas Umerziehungslagern für eine Million Menschen im Westen des Landes, die als Bildungszentren im Rahmen von Antiterrormaßnahmen dargestellt werden? Davon wissen Sie nichts?"

Diess: „Das ist mir nicht bekannt."

Die Szene erinnert an das, was NATO-Generalsekretär Jens Stoltenberg im Januar 2023 wohl meinte, als er provokant formulierte: „Die Wirtschaft ist zu ernst, um sie allein den Wirtschaftsführern zu überlassen."

Neben den genannten Unternehmen der Automobilbranche können auch immer mehr große US-Tech-Konzerne ihre Dienstleistungen nicht mehr ohne China erbringen. Von Apples 200 wichtigsten Zulieferern kamen 2020 ziemlich genau die Hälfte aus China und Taiwan. Größter und wichtigster Zulieferer ist Foxconn, bei dem mehr als eine Million Menschen arbeiten. Immer wieder gab es Berichte über Menschenrechtsverletzungen in der Lieferkette, die Apple beliefert.

Apples Abhängigkeit von China fasst *Bloomberg* so zusammen: „Der eigentliche Engpass in der Produktion ist der Montageprozess, besser bekannt bei Apple und im Fertigungsbereich als FATP. Das steht für Endmontage, Test und Verpackung. Die überwiegende Mehrheit der Apple-Geräte durchläuft diesen Prozess derzeit in China. Aus diesem Grund steht auf Ihrem MacBook Pro, iPad oder iPhone wahrscheinlich ‚Assembled in China'. Es ist ein Modell, das Tim Cook selbst entwickelt hat, bei dem die Montage im Land zentralisiert wird, während Komponenten aus der ganzen Welt angeliefert werden." Durch die immer wiederkehrenden Lockdowns während der Pandemie wurde das zum Problem, weil die Fabriken teilweise wochenlang stillstanden. Und die Unterwerfung geht noch weiter. Nach dem Besuch von Nancy Pelosi in Taiwan drängt Apple seine Zulieferer in Taiwan dazu, das Siegel „Made in Taiwan" bei Lieferung nach China zu verschleiern und sie durch „Made in Taiwan, China" oder „Made in Chinese Taipei" zu ersetzen, um Verzögerungen bei der Produktion zu vermeiden. Auch andere Tech-Konzerne kämpfen in China mit Problemen. Amazon zog sich zwar 2019 – nach 15 Jahren – als Lieferdienst aus China zurück, ist aber weiterhin als Cloud-Anbieter über seine Tochter AWS dort tätig. Facebook wurde zwar schon 2009 in China gesperrt und trotz Bemühungen von Mark Zuckerberg nicht wieder freigegeben. Google hat sich 2010 aus dem Markt zurückgezogen, nachdem Inhalte zensiert wurden. Microsoft betreibt in China weiterhin die Suchmaschine Bing. Der Marktanteil liegt aber im niedrigen einstelligen Prozentbereich. ChatGPT wurde jedoch aus Furcht vor amerikanischer Propaganda und unzensierten Antworten verboten.

Gleichzeitig schafft China durch Infrastrukturprojekte Abhängigkeiten in anderen Teilen der Welt. Viele Länder in Afrika sind hoch verschuldet. Ein Großteil dieser Schulden ist durch die Beteiligung an Chinas Infrastrukturprojekt „Belt and Road Initiative", der sogenannten „Neuen Seidenstraße", entstanden. Vor allem in den Ländern Zentralafrikas kontrolliert China lebenswichtige Güter, vor allem Rohstoffe. Als ich vor einigen Jahren dem größten Minenunternehmer Afrikas die Frage stellte, ob langfristig Amerika oder China als Wirtschaftsmacht dominieren würde, verstand der die Frage kaum. In Afrika sei die chinesische Dominanz seit Langem akzeptiert und tägliche Realität.

Aber auch Italien, Griechenland und andere westliche Länder werden zunehmend von China abhängig. Montenegro zum Beispiel lieh sich rund eine Milliarde Euro von China, um ein Viertel einer Autobahn zu bauen. Dies entspricht etwa einem Viertel des Bruttoinlandsprodukts des osteuropäischen Landes. Das ist geostrategischer Eroberungskapitalismus.

Das Xi-Regime hat den Handel mehrfach als Waffe eingesetzt, auch im Fall der EU. Als das winzige Litauen es 2021 wagte, Peking zu trotzen, indem es mit Taiwan sprach, verhängte China ein umfassendes Verbot für alle seine Exportprodukte und ging dann noch einen Schritt weiter, indem es allen europäischen Unternehmen, die Produkte in Litauen herstellten, mit ähnlichen Sanktionen drohte.

Im Falle Australiens genügte die Anregung des australischen Premierministers, die Welt solle eine unparteiische und objektive Untersuchung der Ursachen der weltweiten Pandemie durchführen, um Peking dazu zu bringen, massive Strafzölle auf australischen Wein, Fleisch, Gerste, Baumwolle, Kohle, Meeresfrüchte und andere Waren zu verhängen. Da China der größte Exportmarkt für viele dieser Branchen war, brachte dies viele Unternehmen gegen ihre eigene Regierung auf. Peking war bereits durch die australische Gesetzgebung gegen ausländische Einmischung verärgert, die darauf abzielte, ausländische Korruption und Nötigung australischer Politiker und Parteien zu unterbinden. Diese hatte in den letzten Jahren überhandgenommen und wurde überwiegend von chinesischen Geheimdienstagenten und deren Bevollmächtigten ausgeübt.

Diese australische Gesetzgebung – der National Security Legislation Amendment (Espionage and Foreign Interference) Act 2018 – ist ein Modell dafür, wie demokratische Länder die Herausforderung der chinesischen politischen Einmischung angehen könnten, ohne dabei Fremdenfeindlichkeit oder unfaire Angriffe auf ethnische chinesische Gemeinschaften zuzulassen.

Die Lerneffekte aus diesen ernüchternden Erfahrungen halten sich bisher erstaunlicherweise in Grenzen. Nur knapp einer entstehenden Abhängigkeit entronnen ist Europa beim Thema 5G-Technologie. Europa und insbesondere Deutschland haben scheinbar einen merkwürdigen Drang, sich mit autoritären Staaten in Sachen Schlüsseltechnologien zu verbinden. Das schnelle mobile 5G-Netz ist für den technologischen Fortschritt unerlässlich. Es ist Voraussetzung für eine moderne digitale Infrastruktur, für Kommunikation, vor allem für das autonome Fahren. Ländern ohne 5G wird es in Zukunft schwerfallen, wirtschaftlich mitzuhalten. Um 5G flächendeckend verfügbar zu machen, müssen die Netze massiv aufgerüstet werden. Dazu werden allein in Deutschland Tausende Masten gebaut oder von 4G auf 5G umgerüstet. 5G ist also ein essenzieller Bestandteil der Infrastruktur eines jeden Landes.

Weltweit führender Anbieter dieser Technologie ist das chinesische Unternehmen Huawei. In Europa sind nur noch Nokia und Sony Mobile (früher bekannt als Sony Ericsson) in der Lage, einigermaßen mitzuhalten. Doch ausgerechnet Huawei war lange Zeit der präferierte Lieferant und Partner Deutschlands für diese Technologie. Warnungen insbesondere der USA wurden lange in den Wind geschlagen. Dass es seit Jahren Spionagevorwürfe gegen das Unternehmen Huawei gibt, wurde ignoriert. Obwohl Huawei nominell ein privates Unternehmen ist, haben die Sicherheitsbehörden legal vollen Zugriff auf seine Daten.

Die chinesische Gesetzgebung verpflichtet alle im Land tätigen Unternehmen zur uneingeschränkten Zusammenarbeit mit den verschiedenen Geheimdiensten und zur absoluten Geheimhaltung dieser Zusammenarbeit. Tatsächlich gibt es im heutigen China so etwas wie ein „privates" Unternehmen gar nicht, weil die KPCh alle Bereiche der Wirtschaft stark kontrolliert und von allen Unternehmern verlangt, dass sie der Partei dienen. Der Gründer von Huawei, Ren Zhengfei, ist ein ehemaliger Militäroffizier, der immer deutlich gemacht hat, dass seine Hauptaufgabe darin besteht, für die Partei und die Nation zu arbeiten. Schon jetzt steckt viel Huawei-Technologie in deutscher Infrastruktur. Auch in älteren Funkmasten oder im Mobilfunknetz der Deutschen Bahn. Bei den neuen Generationen wäre die Beteiligung Huaweis auch deswegen noch problematischer, weil 5G noch abhängiger von Software ist, was ein noch größeres Einfallstor für Spionage wäre.

Ungeachtet dessen hat sich die Bundesregierung unter Angela Merkel lange dagegen gesträubt, Huawei beziehungsweise die Komponenten des Unternehmens beim Aufbau des 5G-Netzes auszuschließen. Speziell das Kanzleramt hat die Entscheidung lange hinausgezögert mit der Tendenz, Huawei am Ende als Partner zu wählen – auch um das Verhältnis zu China nicht zu belasten. Noch im Dezember 2019 lehnte Angela Merkel den prinzipiellen Ausschluss eines Unternehmens ab. Zu diesem Zeitpunkt hatten Länder wie Japan, Neuseeland, Australien und die USA das Unternehmen bereits längst wegen strategischer Sicherheitsaspekte von der Vergabe ausgeschlossen.

Inzwischen ist man in Deutschland und in anderen ursprünglich zu Huawei neigenden EU-Ländern umgeschwenkt. Der Einbau kritischer Komponenten von Huawei soll stark eingeschränkt werden. Ohne amerikanische Intervention wäre Europa unter deutscher Führung freiwillig in eine unauflösbare Abhängigkeit bei dieser kritischen Infrastruktur geschlittert – mit allen katastrophalen Folgen für die Datensicherheit. China hätte mit freundlicher Hilfestellung des staatlich kontrollierten Unternehmens Huawei beinah eine für Peking gläserne EU geschaffen.

Das Beispiel zeigt: Es ist spät für eine Umkehr im Verhältnis zu China. Aber es ist noch nicht zu spät. Die USA haben sich entschlossen, die Unterwerfung unter ein undemokratisches System nicht kampflos zu akzeptieren. Die Konsequenz: Ein langsam oder eher schneller gestaltetes „Decoupling", ein Abkoppeln, von der Volksrepublik ist beschlossene Sache (vielleicht auch, weil man ahnt, dass Amerika sonst eines Tages von China entkoppelt wird). Bill Clinton förderte Chinas Aufnahme in die WTO. Und die Präsidentschaft von Barack Obama ist ein weiteres Sinnbild für diese Hinwendung zum Pazifik. Er bot den Chinesen gleich zu Beginn seiner Amtszeit engere Beziehungen an. Wohl auch, weil China in der Finanzkrise massiv investierte und die Weltwirtschaft vor dem Kollaps rettete. „Das Verhältnis zwischen den USA und China wird das 21. Jahrhundert formen", sagte Obama bei seinem ersten Besuch in China im Jahr 2009. Er sprach dabei zwar auch kritische Themen wie Menschenrechte und den hohen Energieverbrauch an. Dennoch verzichtete er im selben Jahr darauf, den Dalai Lama zu empfangen, um die Chinesen nicht zu provozieren. Im Laufe der Jahre wurde das Verhältnis immer angespannter. Unter anderem errichtete China in dieser Zeit Marinestützpunkte im strategisch wichtigen und umstrittenen Südchinesischen Meer. Wirkliche Gegenwehr gab es zu dieser Zeit aus Washington jedoch nicht.

Donald Trump hingegen hat schon seit den 1980er-Jahren Chinas Praktiken als unfair kritisiert, besonders den Diebstahl geistigen Eigentums und den mangelnden Zugang von US-Unternehmen zum chinesischen Markt. Ein großes Ziel seiner Präsidentschaft war, das US-Handelsdefizit mit China zu verringern.

Kaum war Donald Trump im Präsidentenamt, umging er die WTO-Regeln und verhängte Zölle gegen China. Seit Chinas Beitritt zur WTO legt das Büro des Handelsbeauftragten der USA dem Kongress einen jährlichen Bericht über die Einhaltung der Verpflichtungen, die China im Zusammenhang mit dem Beitritt zur WTO eingegangen ist, einschließlich der multilateralen und bilateralen Verpflichtungen gegenüber den USA, vor. Die Ergebnisse waren – und sind es heute noch – alarmierend. Auf der Grundlage des Berichts und von Untersuchungen über Technologietransfers und geistiges Eigentum schränkte Trump den Zugang Chinas zu Investitionen im Hochtechnologiesektor stark ein. Als Reaktion ergriff die chinesische Führung Vergeltungsmaßnahmen. Und beschuldigte die US-Regierung, den Konflikt ausgelöst zu haben und das Wachstum Chinas bremsen zu wollen.

Umso erstaunlicher ist die konzeptionelle Kontinuität des Decouplings während der Biden-Administration. Rhetorik und diplomatische Form sind milder und verbindlicher geworden, in der strategischen Substanz herrscht große Ähnlichkeit zur Politik des Amtsvorgängers. Die Strafzölle gegen China laufen fast unverändert weiter. Die Gangart hat Biden sogar leicht verschärft, indem er 60 chinesische Unternehmen auf eine Liste setzen ließ – die er seither ständig aktualisiert hat –, mit denen US-Firmen keine Geschäfte mehr machen dürfen. Kurz darauf verhängten die USA gemeinsam mit der EU, Kanada und dem Vereinigten Königreich Sanktionen gegen chinesische Beamte im Zusammenhang mit den Menschenrechtsverletzungen in Xinjiang. Nach der russischen Invasion in die Ukraine forderten die USA China auf, den Angriff zu verurteilen. China wiederum gab den USA die Schuld für den Krieg. Ein paar wenige Wochen später, im Mai 2022, wurde den chinesischen Behörden und staatsnahen Unternehmen nahegelegt, in Amerika hergestellte Computer durch Geräte einheimischer Marken auszutauschen. Betroffen waren rund 50 Millionen Einheiten.

Im August 2022 – nur wenige Tage nach dem Taiwan-Besuch der Sprecherin des Repräsentantenhauses Nancy Pelosi – unterzeichnete US-Präsident Joe Biden den „CHIPS and Science Act", der der Halbleiterbranche in den USA Subventionen im Wert von 52 Milliarden US-Dollar zusicherte. Außerdem wurden Steuererleichterung für Firmen versprochen, die ihr Geschäft in den USA ausbauen. Damit soll die Abhängigkeit bei wichtigen Gütern von Asien verringert werden. Chiphersteller Intel hatte bereits Anfang 2022 angekündigt, den Anteil der USA an der weltweiten Chipproduktion innerhalb von zehn Jahren von zwölf Prozent auf 30 Prozent zu erhöhen.

Decoupling nimmt in den USA also Gestalt an. Aber eines zeigen die bisherigen Initiativen klar: Allein wird es schwierig. Zu groß ist China als wirtschaftlicher Machtfaktor. Deshalb braucht es zwingend eine strategische Allianz.

In Europa ist man derweil noch nicht beim „Wie", sondern immer noch beim „Ob". Besonders irritierend wirkte in dem Zusammenhang Emmanuel Macrons Interview mit *POLITICO* (zur Axel Springer Gruppe gehörend) nach seinem Besuch in China. Wenn es nach dem französischen Präsidenten geht, muss „Europa dem Druck widerstehen, ‚Amerikas Mitläufer' zu werden", und sich darauf konzentrieren, eine strategisch autonome „dritte Supermacht" zu etablieren. Diese weit verbreitete Hoffnung ist so opportunistisch wie naiv: Vielleicht kann Europa eine Entscheidung vermeiden und auf beiden Schultern Wasser tragen. Transatlantische Wirtschafts-Achse und Verteidigungsgemeinschaft NATO hier. Und europäisch-chinesische Freundschaft und Handelsbeziehungen dort. Das ist der kontinentaleuropäische Wunschtraum. Er wird nicht in Erfüllung gehen. Noch ist Olaf Scholz davon überzeugt, dass eine Abkoppelung von China unmöglich ist. Und eine transatlantische Achse in dieser Frage also nicht nötig. Diese Position wird in den nächsten Jahren immer weniger haltbar sein. Die Frage, ob, und die Art und Weise, wie sie revidiert wird, wird die neue Weltordnung prägen. Europa muss sich entscheiden.

In der demokratischen Welt gibt es nicht wenige, die wachsende Abhängigkeiten von China herunterreden. Ja, China sei unheimlich erfolgreich, aber damit werde es bald vorbei sein. Indizien seien die maroden Staatsbanken, die Überschuldung, die bald kippende Demografie. Gern verweist man dann auch auf aktuelle konjunkturelle Schwächen der chinesischen Wirtschaft. „Letztlich will man nicht glauben, dass China jemals erfolgreich sein könne, weil es keine Marktwirtschaft mit bürgerlichen Freiheitsrechten ist", sagt Jens Südekum, deutscher Ökonom und VWL-Professor am Düsseldorfer Institut für Wettbewerbsökonomie der Heinrich-Heine-Universität. Stattdessen wolle man glauben, dass dies eine notwendige Bedingung für fortgesetzten wirtschaftlichen Erfolg sei.

Das ist fahrlässig. Zentral gelenkter Turbo-Staatskapitalismus kann erfolgreicher sein als freie Marktwirtschaft. Totalitärer Kapitalismus ist schneller und rücksichtsloser. Während in einer demokratischen Stadt die Genehmigung eines neuen Flughafens Jahre oder Jahrzehnte dauern kann, weil Bürgerbeteiligung und Bürgerbegehren verzögernd wirken, nimmt Staatskapitalismus darauf keine Rücksicht. Der Wille der Regierung ist sofort kapitalistische Realität. Der neue Flughafen von Peking war in gut vier Jahren gebaut. Und wenn ein Gebäude dem neuen Projekt im Wege stand, wurde mit dem Abriss nicht lange gefackelt. Nichtdemokratische Willkür kann schneller und effizienter machen. Insofern ist das Argument, Chinas Aufstieg werde sich von alleine erledigen, ein gefährliches Beruhigungsmittel. Es darf nicht dazu dienen, die Tatenlosigkeit der demokratischen Welt zu verteidigen.

Aus wachsendem Einfluss wird irgendwann auch politische Abhängigkeit. Das heißt: Westliche Unternehmer, Manager und Politiker müssen nicht nur in China Standards und Methoden akzeptieren, die im scharfen Kontrast zu unserer Rechtslage und zu unseren Werten stehen. Wir müssen – wenn wir den Handel und immer tiefere Geschäftsbeziehungen mit China fortsetzen wollen – immer häufiger auch zu Hause, also in unseren (noch) demokratischen Volkswirtschaften, so agieren, dass chinesische Befindlichkeiten nicht verletzt und chinesische Erwartungen nicht enttäuscht werden.

Das Ergebnis? Unsere demokratischen Systeme werden Schritt für Schritt von einem nicht demokratischen System unterwandert. In der Endstufe bedeutet das Angleichung, Gleichschaltung, Unterwerfung. Noch konkreter: Von China abhängige Demokratien werden auf Dauer keine Demokratien bleiben können.

JACK MA SCHWEIGT – ZU BESUCH BEI ALIBABA

Am 9. Mai 2018 fahren wir in Hangzhou im Headquarter von Alibaba, dem chinesischen Amazon, vor. Die Architektur des Gebäudes ist spektakulär, futuristisch wie ein Raumschiff, die silbrig schimmernde Fassade erinnert mit ihrer netzartigen organischen Struktur an die Flügel eines großen Insekts. 22.000 Mitarbeiter sind hier beschäftigt. Unsere Gruppe von Axel-Springer-Führungskräften wird vom

Kommunikationschef und ein paar Assistenten empfangen, als eine Art Betreuer extra abgestellt für uns ist ein deutschsprachiger Mitarbeiter, der bis vor Kurzem noch für Google tätig war. Die Mitarbeiter müssen eine Gesichtsüberwachung zur Identifikation passieren. Bezahlt werden kann überall im Unternehmen mit Alipay per Handy. Alles extrem modern. Hier tut kein Mitarbeiter etwas, das nicht überwacht, dokumentiert, kontrolliert wird.

Nach verschiedenen Präsentationen zu KI-Projekten von Alibaba und möglichen Kooperationen zwischen dem europäischen Verlag und dem chinesischen Vorzeigeunternehmen gehen wir in ein anderes Gebäude, gespannt auf den Höhepunkt des Tages: Mittagessen und Gespräch mit dem Gründer Jack Ma. Auf dem Weg zu ihm kommen wir zu einem Museum, das die Historie des Unternehmens und vor allem die besondere Rolle seines legendären Gründers erzählt. Im letzten Teil der Ausstellung wird Jack Ma als Tai-Chi-Künstler vorgestellt. Die Philosophie von Tai-Chi wird erklärt, der Großmeister Jack Ma in eindrucksvoller Bewegungsfotografie inszeniert.

Auf dem Weg in die große Kantine begegnet uns Jack Ma in einem Vorraum fast beiläufig. Ein kleiner, schlanker, drahtiger Mann. Sein rundes Gesicht prägt ein breites, fast kindliches Lachen. Wir betreten eine riesige Halle und sobald Jack Ma erblickt wird, strömen scharenweise Mitarbeiter herbei. Wie eine Fan-Traube verfolgen sie ihren Chef. Die schrillen Schreie vieler Mitarbeiter erinnern an die hysterischen Fans einer Boygroup. Jack Ma lässt das alles lächelnd gewähren. Es scheint ein Ritual zu sein. Der Gründer ist ein bewunderter Star, ein Idol, aber eben ein Idol zum Anfassen.

Beim Mittagessen sitzen wir in einer Art Séparée der großen Kantine in einem Glaskubus. Jeder kann von außen den Chef beobachten. Jack Ma spricht perfektes Englisch. Wirkt gelassen, mild und authentisch. Man glaubt ihm. Er gilt als der westlichste unter den chinesischen Unternehmern. Als der staatsfernste unter den privaten, am Ende aber doch von der Partei kontrollierten Unternehmern. Andere sagen: Alles nur Fassade, gerade Jack Ma sei ein verlässlicher kommunistischer Apparatschik. Irgendwie will ich das bei dem un-

komplizierten Mittagessen an diesem Tag in Hangzhou nicht glauben. Er wirkt auf mich authentisch, innerlich frei. Irgendwann zwischen Gemüsereis und Honigshrimps frage ich Jack Ma, wie er eigentlich die Pläne seines größten Konkurrenten Jeff Bezos sieht, das Weltall durch sein Blue-Origin-Projekt zu erschließen. Darauf antwortet Jack Ma trocken: Jeff soll sich um das Weltall kümmern. Ich kümmere mich um den Planeten Erde. Wenige Monate später gibt Ma seinen Rückzug aus allen operativen Funktionen bei Alibaba bekannt.

Im Oktober 2020 kritisiert er, Jack Ma, einer der reichsten Menschen der Welt und einer der allerreichsten Chinesen, öffentlich das chinesische Wirtschaftssystem. Das Finanzsystem sei kein System und es gebe zu viele Regulierungen, soll er gesagt haben. Danach ist Jack Ma komplett aus der Öffentlichkeit verschwunden. Am 3. November 2020 wird der Börsengang von Alibabas Tochterfirma Ant – wenige Stunden vor dem geplanten Termin – völlig überraschend abgesagt. Es gab verschiedene Gerüchte: Jack Ma sei gezwungen worden, unterzutauchen, er habe im Ausland gelebt, er sei entführt worden. Von diesem Zeitpunkt an wurde er kaum noch in der Öffentlichkeit gesehen, bis zu einem unerwarteten Besuch in Hangzhou im März 2023.

Ma ist der erste chinesische Oligarch, der sich öffentlich kritisch über das Regime geäußert hat. Und auch in diesem Fall ist die Kommunistische Partei ihrem Erfolgsrezept treu geblieben. Wehret den Anfängen – Disziplin durch Abschreckung, Kontrolle durch Einschüchterung. Jack Ma schweigt.

TEIL 4

DIE ANTWORT:
DIE FREIHEITSHANDELSALLIANZ

FREIHANDEL UND DIE WTO

Freiheit und wirtschaftlicher Erfolg sind eng verwandt. Das eine ist eine Voraussetzung des anderen. Tendenziell gilt: Je unfreier eine Wirtschaftsordnung, desto erfolgloser ist sie. China ist die große Ausnahme. Weil es sich hierbei um einen staatlich gelenkten Turbokapitalismus handelt.

Auf den Grundpfeilern von Liberalismus und Freihandel fußt auch die Welthandelsorganisation (WTO). Auf ihrer Website beschreibt sie sich selbst wie folgt: „Die Welthandelsorganisation ist die einzige globale internationale Organisation, die sich mit den Regeln für den Handel zwischen Nationen befasst. Ihr Herzstück sind die WTO-Abkommen, die von den meisten Handelsnationen der Welt ausgehandelt, unterzeichnet und von ihren Parlamenten ratifiziert wurden. Ihr Ziel ist es, den Handel so reibungslos, vorhersehbar und frei wie möglich zu gestalten."

Wer die Selbstdarstellung der WTO liest, könnte meinen, dass die seit 1995 bestehende Organisation eigentlich alle Probleme, die in diesem Buch beschrieben wurden, vermeidet oder zufriedenstellend löst. Zumindest scheint das ihr Anspruch zu sein. Doch die Realität ist das ziemlich genaue Gegenteil. Unter dem Deckmantel des Freihandels und mit freundlicher Unterstützung der WTO hat vor allem China seine Macht durch unfaire Mittel immer weiter ausgebaut. Die WTO ist nicht die Lösung, sondern elementarer Bestandteil des Problems. Sie beschleunigt die Schwächung und Erosion wirklich freier

Volkswirtschaften, begünstigt den Aufstieg unfreier und nichtdemokratischer Akteure. Am Ende fördert sie Abhängigkeiten und ist zum trojanischen Pferd eines sehr unfreien Handels geworden. Die WTO wurde 1994 in Marrakesch gegründet und nahm am 1. Januar des Folgejahres ihren Dienst auf. Mit der Gründung der WTO wurden Regeln für Dienstleistungen und geistiges Eigentum eingeführt. Bis dahin waren internationale Handelsregeln für Waren über das sogenannte GATT-Abkommen (General Agreement on Tariffs and Trade) festgelegt, das 1947 mit der Unterstützung von 23 Staaten ins Leben gerufen wurde. Bis 1994 waren 128 Länder beigetreten.

Das GATT-Abkommen war nach dem Zweiten Weltkrieg als eine Art Club des Westens entstanden, der verhindern sollte, dass es erneut zu einem Zollwettlauf zwischen den Ländern kommt, wie es in den 1920er-Jahren der Fall war. Was ursprünglich als schlanke und effektive Einigung der westlichen Staaten anfing, wuchs jedoch zur größeren, handlungsunfähigen WTO heran, die wir heute kennen. Es braucht konzeptionell eine Art Reset. Ein GATT 2.0 der demokratischen Länder.

Alle WTO-Mitglieder verpflichten sich, drei Grundprinzipien bei der Ausgestaltung ihrer Außenhandelsbeziehungen zu beachten: Nichtdiskriminierung, Reziprozität als Verhandlungsgrundlage sowie der Abbau von Zöllen und Handelsbarrieren. Mitgliedstaaten müssen sich also gegenseitig die gleichen Vorteile zugestehen. Nichtdiskriminierung, beziehungsweise das Prinzip der Meistbegünstigung, sieht weiter vor, dass die Vorteile und Förderungen, die für ein Land gelten, automatisch allen Mitgliedstaaten eingeräumt werden.

Allerdings gewährt die WTO Ländern, die sich selbst als „Entwicklungsländer" bezeichnen – eine Klassifizierung, für die die Organisation keine formale Definition vorgibt –, besondere Bestimmungen. Mitglieder geben selber an, ob sie entwickelt sind oder nicht. So auch China bei seinem Beitritt 2001. Zu den Vorteilen gehören zum Beispiel längere Fristen zur Umsetzung von Auflagen oder der erleichterte Marktzugang. Doch das wichtigste Zugeständnis ist die Verpflichtung der anderen WTO-Mitglieder, die Interessen der Entwicklungsländer bei der Einführung bestimmter nationaler oder internationaler Maßnahmen, wie Staatshilfen oder Antidumping, zu wahren – alles Vorteile, an denen China seit seinem Beitritt festhält.

China verstößt seit Jahren immer wieder gegen WTO-Regeln. Erzwungener Technologietransfer, massive Subventionen und mangelnde Offenlegung derselben, Verzerrungen des Wettbewerbs durch staatlich geführte Unternehmen. Die Liste ist lang.

Für einen Marktzugang in China mussten also viele Unternehmen ihre Technologie offenlegen. Währenddessen holten die chinesischen Konkurrenten in einigen Branchen schnell den Vorsprung ihrer Vorbilder auf und wurden selbst zu Marktführern. Ein – vor allem für Deutschland – fast traumatisches Beispiel sind Photovoltaikanlagen. Bis 2005 war dieser Industriezweig in China schlichtweg nicht existent. Im Jahr 2022 lag der Anteil Chinas in allen Fertigungsstufen bei über 80 Prozent. Das GW Solar Institute an der George Washington University kam zu dem Ergebnis, dass die chinesische Solarproduktion allein zwischen 2010 und 2012 mit Subventionen in Höhe von mindestens 42 Milliarden US-Dollar unterstützt wurde. Durch die massive Überproduktion von Solarpanels kam es zu dramatischen Preiseinbrüchen, was dazu führte, dass ein Großteil der nicht chinesischen Hersteller pleiteging – oder von der Konkurrenz aus dem Reich der Mitte aufgekauft wurde.

China sieht Europa als Selbstbedienungsladen. Mit viel Geschick kauft sich das Land in Spitzentechnologie ein. Oft bei Hidden Champions, die weniger im Fokus der Öffentlichkeit stehen als Daimler, VW oder Volvo. Auf dem Höhepunkt der Übernahmewelle 2016 hat China allein 44 deutsche Unternehmen gekauft oder in sie investiert.

Eine bemerkenswerte Ausprägung hat zudem das chinesische Kartellrecht – und hier insbesondere das Anti-Monopol-Gesetz. Es bestraft gern vor allem ausländische Unternehmen dafür, wenn sie innovativ sind. Wer ein Patent besitzt und dafür Lizenzgebühren verlangt, kann von der Regierung als Monopolist eingestuft werden. Getroffen hat das unter anderem Smartphone-Hersteller Qualcomm, der fast eine Milliarde US-Dollar Strafe zahlen musste, weil er gegen über einem chinesischen Konkurrenten angeblich zu hohe Gebühren verlangt hatte. Untersuchungen in den USA und Europa kamen zu einem anderen Ergebnis.

Und zu guter Letzt hat China seine Märkte bei Weitem nicht so geöffnet, wie immer wieder gern behauptet wird. Der Finanzsektor wurde erst 2021 für ausländische Unternehmen vollständig zugänglich. Wegen intransparenter Regeln lassen sich aber kaum Geschäfte machen. Im Telekommunikationssektor gibt es bisher keine erfolgreiche Gründung eines Joint Ventures mit ausländischen Unternehmen.

Chinesische Unternehmen können in westlichen Märkten weitgehend ungehindert Geschäfte machen, während die Volksrepublik innerhalb der eigenen Grenzen die Regeln so schreibt, dass es vor allem dem eigenen Machtausbau hilft. Die WTO mit ihrem Regelwerk kann oder will das nicht verhindern. Das Prinzip der Reziprozität bleibt so eine fromme Hoffnung. In der Realität zerbricht die WTO daran, dass sie Doppelstandards, das Spielen nach unterschiedlichen Regeln, erlaubt. Anstelle von Symmetrie herrscht Asymmetrie.

Die Quintessenz dieser falschen und fahrlässigen Handels- und Wirtschaftspolitik spiegelt sich nirgendwo so klar wider wie in der nüchternen und ernüchternden Zahlenreihe der Weltbank: 2001, im Jahr der Aufnahme Chinas in die WTO, betrug Amerikas Beitrag zum globalen Bruttoinlandsprodukt 31,47 Prozent, zwei Jahrzehnte später, im Jahr 2021 waren es noch 24,15 Prozent. Der Anteil Europas betrug 2001 21,99 Prozent, 20 Jahre später nur noch 17,79 Prozent. Der Beitrag Chinas zum Weltbruttosozialprodukt stieg seit seiner WTO-Mitgliedschaft von 3,98 Prozent auf 18,32 Prozent im Jahr 2021.

In seiner Weltwirtschaftsrangliste 2023 geht das Centre for Economics and Business Research davon aus, dass China im Jahr 2037 21,97 Prozent des weltweiten BIP erwirtschaften wird, dicht gefolgt von den USA mit 21,71 Prozent und Europa mit 19 Prozent.

Chinas CO_2-Emissionen sind seit seinem Beitritt zur WTO um über 200 Prozent gestiegen. Und dieser Anstieg überkompensiert den Rückgang im Rest der Welt bei Weitem. Im Jahr 2021 entfielen 32,87 Prozent der weltweiten CO_2-Emissionen auf China. Das ist mehr als auf die USA (13,5 Prozent), Indien (7,3 Prozent), Russland (4,74 Prozent), Japan (2,88 Prozent) und den Iran (2,02 Prozent) – die folgenden fünf größten Verursacher – zusammengenommen. Das eigentliche Problem des Klimawandels ist nicht der Urlaubsflug nach Florida oder Mallorca. Der weltweite Flugverkehr ist nur für zwei Prozent der gesamten Kohlenstoffemissionen verantwortlich. Das Problem ist der mangelnde Einfluss der demokratischen Welt auf den größten CO_2-Verursacher. Und nicht zuletzt, dass wir selbst die Klimasünden, die wir vor unserer Haustür nicht begehen wollen, nach China oder anderswohin auslagern.

Die Aufnahme Chinas als Vollmitglied in die WTO war aus heutiger Sicht der historische Schlüsselfehler einer von Wunschdenken geleiteten Handelspolitik. Wie so oft von guten und richtigen Absichten motiviert, entstand durch diesen Schritt eine Imbalance, die sich über die Jahrzehnte sehr zum Nachteil demokratischer Marktwirtschaften entwickelt hat. Der Hauptfehler lag in der Aufnahme eines wirtschaftlich gewichtigen, nicht demokratischen Mitglieds, das sich aufgrund seiner eigenen Verfasstheit nie an die Regeln der WTO halten wollte. Der absurdeste Fehler war, China obendrein den Status eines Entwicklungslandes zuzuerkennen.

Der Ausgang dieses Experiments, das kurzfristig allen Beteiligten Wachstum und wirtschaftlichen Erfolg bescherte, langfristig aber die Gewichte so verschob, dass einseitige Vorteile und Abhängigkeiten entstehen mussten, war vorhersehbar. Der Masochismus vor allem der USA und Europas führte nicht nur zu einer Schwächung der eigenen relativen Wirtschaftskraft, sondern am Ende auch zu einer Erosion der gesamten Welthandelsorganisation. Die WTO ist am Ende. Zu besichtigen ist ein dysfunktionaler und paralysierter Koloss – ein Schatten seiner selbst.

Die USA selbst tragen dazu maßgeblich bei. Schon seit der Obama-Regierung blockieren sie die Ernennung von Richtern in die Berufungsinstanz der WTO. Da mindestens drei Richter nötig sind, um eine Entscheidung zu treffen, werden Berufungsfälle derzeit nicht entschieden. Historisch werden rund zwei von drei Fällen in der Berufung geklärt. Wenn die WTO eine Entscheidung trifft, muss derzeit das unterlegene Land nur das Berufungsgericht anrufen – und der Fall kann zunächst nicht weiterverhandelt werden, da schlichtweg keine Beschlussfähigkeit des Gerichts besteht. Außerdem haben die USA seit 2017 sämtliche Zahlungen für das Berufungsgremium eingestellt. Die schonungslose Konsequenz dieser Entwicklung ist: Die WTO muss aufgelöst werden.

ABENDESSEN BEIM BOTSCHAFTER UND WARUM DAS CHINESISCHE VOLK SEHR VERLETZT IST

Am 11. Juni 2018 bin ich zusammen mit einigen Kolleginnen und Kollegen von Axel Springer beim chinesischen Botschafter in Berlin, Shi Mingde, zu einem Abendessen eingeladen. Anlass des Gesprächs ist eine Chinareise, die ich mit Führungskräften unseres Unterneh mens unternommen hatte, um chinesische Tech-Innovationen besser zu verstehen. Unsere Überzeugung war, dass das Land, das jahrzehntelang vor allem Patente und Innovationen aus den USA und Europa kopiert hatte, längst selbst zum Innovationsmotor und Trendsetter in Sachen künstliche Intelligenz geworden ist. Der kometenhafte Erfolg von Unternehmen wie Tencent, Alibaba und ByteDance zeigte das. Die chinesische Botschaft hatte uns bei der Organisation der Reise geholfen. Nun wollen wir dem Botschafter von einigen unserer Erlebnisse und Erfahrungen berichten.

Der Gastgeber empfängt in einer der schönsten Villen des Berliner Wohnviertels Grunewald. Das prunkvolle Gründerzeithaus erscheint aufwendigst renoviert. Freundlich zeigt der Hausherr uns die von Säulen gerahmte Veranda, den wie mit dem Kamm gepflegten Garten. Nachdem wir den Aperitif im Stehen getrunken und ein wenig über deutsche Innenpolitik geplaudert haben, nehmen wir an einem runden Tisch Platz. Es gibt verschiedene chinesische Spezialitäten. Dazu Weißwein. Und später Reisschnaps.

Das Gespräch verläuft weitgehend harmlos. Wir bedanken uns mehrfach für die freundliche Unterstützung der Reise, zeigen uns beeindruckt von einigen der Unternehmen, die wir in Peking, Shenzhen und Hangzhou besucht haben. Auffallend ist das Selbstbewusstsein des Botschafters. Der Ton hat sich geändert. Vor 20 Jahren hätte und hat sich der chinesische Botschafter bei Besuchern aus Deutschland noch für ihr Interesse an seinem Land bedankt. Das ist vorbei. Die Weltmacht empfängt die Besucher aus der demokratischen Welt zwar freundlich, aber eher gnädig.

Solch ein Besuch könne sich ja vielleicht auch mal in einer etwas positiveren Berichterstattung über das Land von Wachstum und Fortschritt auswirken, bemerkt der Botschafter irgendwann. Wir verweisen höflich auf die redaktionelle Unabhängigkeit und die strikte Trennung von Redaktion und Geschäftsführung. Unser Gastgeber blickt erst ungläubig, dann mitleidig.

Am Schluss, kurz bevor wir aufbrechen, frage ich gezielt nach dem Fall Mercedes und Dalai Lama. Der Botschafter ist bestens im Stoff und berichtet ausführlich. Die Anzeige hätte in China großen Unmut erregt. Bei der Regierung, frage ich. Nein, bei der Bevölkerung, sagt der Botschafter. Chinesische Medien hätten sehr ausführlich darüber berichtet. Den Hinweis, dass chinesische Medien ja wohl nur deshalb groß darüber berichtet haben, weil die Kommunistische Partei dafür gesorgt hat, dass sie groß berichten, unterdrücke ich und frage dann, ob es wirklich nötig war, dass sich der CEO von Daimler wegen dieses Anzeigenmotivs gleich zweimal bei der chinesischen Regierung und Bevölkerung entschuldigen musste, oder ob es am Ende doch vorauseilender Gehorsam war. Der Botschafter überlegt nicht lange, legt sein allerfreundlichstes Lächeln auf und sagt dann mit milder, singender Stimme: Nein, der Vorstandsvorsitzende musste sich keineswegs entschuldigen. Es sei denn – und er lässt bewusst eine kleine Pause entstehen –, es sei denn, Mercedes möchte weiter in China Autos verkaufen. Dann musste Herr Zetsche sich natürlich entschuldigen. Denn das chinesische Volk ist sehr verletzt.

Wir erheben noch einmal das Glas Reisschnaps, bedanken uns für das aufschlussreiche Abendessen und verlassen die Tafel.

Der Botschafter winkt kurz. In seinem Gesicht steht immer noch diese Mischung aus Verwunderung und Mitleid.

DER VERTRAG – EINE NEUE WELTHANDELSORDNUNG

Es braucht eine neue Welthandelsordnung. Freihandel muss neu definiert und organisiert werden, in einem multinationalen Rechtsrahmen des wirklich freien Handels: **der Freiheitshandelsallianz**. Ein wirtschaftliches Bündnis der Demokratien.

In dieser Allianz gelten einfache, klare und unverhandelbare Regeln und Kriterien. Nur wer diese Kriterien erfüllt, kann Mitglied werden. Nur wer diese Regeln einhält, kann Mitglied bleiben. Die wichtigste Grundlage bilden drei Kriterien:

1. **Einhaltung von Rechtsstaatlichkeit**
2. **Einhaltung der Menschenrechte**
3. **Einhaltung von Klimazielen.**

Mitglieder können zollfrei und uneingeschränkt wirklich freien Handel miteinander treiben. Nichtmitglieder können ebenfalls Handel mit Mitgliedern treiben, werden dabei aber mit hohen, fast prohibitiven Zöllen belegt.

So entsteht eine neue Handelsallianz und Handelsinteressengemeinschaft – eine starke freiheitliche Wertegemeinschaft. Eine Allianz zwischen Volkswirtschaften, die sich an die gleichen demokratischen

Prinzipien halten: die Achtung der Rechtsstaatlichkeit, der Menschenrechte und der Nachhaltigkeit. Die dem Modell zugrunde liegende Hypothese ist, dass die Zusammenarbeit zwischen demokratischen Staaten wertstiftender ist als Partnerschaften mit Autokratien. Dass diese Allianz mittelfristig demokratische Volkswirtschaften und damit Demokratie an sich stärkt, weil der Erfolg eines demokratischen Bündnisses die anfänglichen Kosten und Verluste durch Abkoppelung von Nichtdemokratien bei Weitem überwiegt. Und schließlich, dass diese Allianz Voraussetzung für den langfristigen Fortbestand demokratischer und offener Gesellschaften ist. Dabei basiert das Konzept auf einem positiven Anreiz und nicht auf Verboten.

Vermieden wird so die Abhängigkeit von schnell wachsenden autokratischen oder nicht demokratischen Volkswirtschaften und ihren politischen Systemen. Vermieden wird so politische Einflussnahme und Unterwanderung und Schwächung freier Gesellschaften und damit die Zerstörung von Demokratie durch Diktaturen und Autokratien. Überdies wird Deglobalisierung vermieden und mehr internationale Zusammenarbeit gefördert – unter wirklich demokratischen Verbündeten.

Opportunistische Wirtschaftspolitik und Handelspolitik ohne gemeinsame Werte ist genauso gescheitert wie der Sozialismus. An ihre Stelle sollte nun eine wertebasierte Handelspolitik treten als Basis einer Außen- und Wirtschaftspolitik zur Sicherung einer demokratisch geprägten Weltordnung.

Zunächst zur Konkretisierung der drei Kriterien.

Rechtsstaat ist ein alter Begriff, grundsätzlich recht klar definiert, in Nuancen vielfältig interpretiert. Eine Definition, die auf den griechischen Philosophen Aristoteles zurückgeht, lautet: „Der Grundsatz der Rechtsstaatlichkeit besagt, dass alle Menschen und Organisationen in einem Land, einem Staat oder einer Gemeinschaft denselben Gesetzen unterworfen sind." Wichtig ist, dass die rechtsstaatlichen Kriterien so einfach und grundlegend wie möglich sind. Es geht darum, den Club der Freiheitshandelsallianz-Mitglieder möglichst groß und anziehend zu gestalten. Diejenigen, die glaubwürdig die wichtigsten Kriterien eines Rechtsstaats erfüllen und einhalten, sind willkommen. Dazu gehören Rechtssicherheit und Rechtsgleichheit, Rechtskontrolle, Gewaltenteilung und Freiheitssicherung. Oder anders gesagt: keine Willkür des Staates, Unabhängigkeit der Gerichte, eine bindende Verfassung, Gleichbehandlung.

Als Orientierung können beispielsweise die Kriterien des „Freedom in the World"-Berichts der Nichtregierungsorganisation *Freedom House* dienen, auf deren Basis der Freiheitsgrad von Ländern gemessen wird. Der Bericht wurde 1973 zum ersten Mal herausgebracht und erscheint seitdem jährlich. Jedes Land und jedes Gebiet wird anhand folgender Kriterien gemessen: politischer Pluralismus und Teilhabe, Wahlprozess, Funktionsweise der Regierung, Rechtsstaatlichkeit sowie individuelle Rechte wie das Recht auf Selbstbestimmung, Meinungs-, Glaubens-, Versammlungs- und Vereinigungsfreiheit. Die Länder werden dann dann in drei Kategorien aufgeteilt: frei, teilweise frei und unfrei.

Auch bei den Menschenrechten geht es um Grundwerte, um Basis-Anforderungen. Menschen dürfen weder wegen ihrer Hautfarbe noch wegen ihrer Religion, politischen Meinung, sexuellen Orientierung oder ihres Geschlechts benachteiligt oder verfolgt werden. Bei der genauen Ausgestaltung kann man sich an der Menschenrechtscharta der UN orientieren. Jeder Mensch hat das Recht auf Freiheit. Folter und Sklavenhandel darf es nicht geben. Jeder hat einen Anspruch auf ein Gerichtsverfahren, es gilt immer die Unschuldsvermutung. Es gibt Meinungs- und Informationsfreiheit, genauso wie Versammlungs- und Vereinigungsfreiheit. Es gibt ein Wahlrecht, das Recht auf Bildung, das Recht auf Eigentum und Religionsfreiheit.

Die Kriterien für Rechtsstaat und Menschenrechte sind nur einen Steinwurf voneinander entfernt. Und oft miteinander verwoben. Für die genaue Ausgestaltung der Anforderungen braucht es die Unterstützung von Fachleuten. Die Kernbotschaft der Freiheitshandelsallianz lautet: Nur wer Menschenrechte, Nachhaltigkeit und Demokratie achtet, darf dem Pakt beitreten. Wer sich weigert, muss hohe Zölle in Kauf nehmen. So hoch, dass es sich nicht mehr lohnt, Menschenrechte oder Rechtsstaat oder Nachhaltigkeit zu missachten.

Die Klimaziele sollen auf klaren und zeitlich gleichgeschalteten Verpflichtungen zur Reduzierung des CO_2-Ausstoßes basieren – angelehnt an das Klimaclub-Konzept, einer gemeinsamen Initiative, die von den G7-Staaten 2022 ins Leben gerufen wurde, um die Umsetzung des Pariser Abkommens zu stärken. Kernpunkt ist die gemeinsame Festlegung auf einen Preis für CO_2-Emissionen. Dazu kommt ein CO_2-Grenzausgleich. Wer Waren in den Raum der Freiheitshandelsallianz importieren will, muss einen Aufpreis zahlen, je nachdem, wie viel CO_2 ein Gut verursacht. Außerdem werden beispielsweise gemeinsame Regeln aufgestellt, wie der CO_2-Gehalt von Produkten und Materialien gemessen wird. Gleichzeitig soll es gemeinsame Forschungsprojekte und Initiativen geben, die gemeinsam Lösungen entwickeln, wie zum Beispiel energieintensive Industrien schneller CO_2-Emissionen reduzieren können. (Dieser Aspekt ist insbesondere deshalb wichtig, um die derzeit herrschenden Doppelstandards im Umgang mit dem größten CO_2-Emittenten China abzustellen.)

Wendet man diese Kriterien auf die größten und einflussreichsten Volkswirtschaften der Welt an, ergibt sich folgendes Bild. Die 50 wichtigsten BIP-Beitragszahler machen laut Daten der Weltbank 93,13 Prozent des globalen Bruttoinlandsprodukts in 2021 aus. Ordnet man diese 50 Staaten nach dem 2023 „Freedom in the World Report" von *Freedom House*, kommt man auf folgendes Ergebnis: Unter den 50 größten zum BIP beitragenden Volkswirtschaften werden neun als unfrei, elf als teilweise frei und 30 als frei eingestuft. Damit machen die als frei indexierten Länder unter den Top 50 im Jahr 2021 60,17 Prozent des globalen BIP aus. Zählt man die teilweise freien Länder wie Indien, Mexiko oder Indonesien dazu, sind es insgesamt 69,08 Prozent. Die unfreien Länder – wie China, Russland oder Saudi-Arabien – tragen 24,05 Prozent dazu bei. Das zeigt, dass die Mehrheit der Wirtschaftsmächte in diesem Modell weiter an demokratischen Prinzipien festhält und auch den Großteil des globalen BIP ausmacht.

Demokratien haben derzeit noch die Oberhand. Es gilt, sie nicht zu verlieren. Durch kritische Masse sowie materielle und ideelle Anziehungskraft hat die Freiheitshandelsallianz realistische Chancen, zum Katalysator einer neuen Welthandelsordnung und einer stabilen neuen politischen Weltordnung zu werden. Die WTO ist gescheitert. An ihrem Fortbestehen oder ihrer Restrukturierung sollte man nicht festhalten. Nötig ist ein Neubeginn, geprägt vom Geist des GATT-Abkommens. Natürlich muss das heutige Abkommen umfassender sein. Damals ging es „nur" um Zölle. Heute müssen von Anfang an weit mehr (Handels-)Aspekte eine Rolle spielen, wie ausländische Direktinvestitionen, geistiges Eigentum, Marktzugang und mehr. Die Architektur der Organisation muss so minimalistisch und unbürokratisch wie möglich sein. Mindestens 40 potenzielle Gründungsländer könnten der Freiheitshandelsallianz beitreten. Den Anfang müssen die USA und Europa machen und die Grundlage für eine wirklich transatlantische Strategie schaffen. Kanada, Australien, Japan, Mexiko und andere Länder könnten schnell folgen. Gerade viele afrikanische Länder, die noch nicht vollständig abhängig von China sind, könnten ebenfalls schnell für dieses Bündnis gewonnen werden. Indien wird ein besonders wichtiges Mitglied. Und eines Tages könnten sogar heutige Nichtdemokratien dem Magnet von Wohlstand durch Freiheit folgen. Die Vision, die heute noch als Utopie erscheint: Eines Tages treten selbst Russland und China der Allianz bei.

Wie sollte die demokratische Handelsallianz strukturiert sein? Sinnvoll wäre eine Diskussion und ein Ideenwettbewerb unter Fachleuten und engagierten Bürgern. Ein wahres Crowdsourcing der Umsetzungsmöglichkeiten und Details. Der Zweck dieses Buches ist es nicht, auf die Details der politischen Steuerung einzugehen – das wissen Experten besser. Die hier dargelegten Gedanken sind kein Rezept, sondern eine Idee.

Es braucht den Neuanfang auf Grundlage des einen entscheidenden Prinzips: Erfolgreicher freier Handel basiert auf der Freiheit der Gesellschaften seiner Mitglieder. Handel ohne gemeinsame Grundwerte und Ziele schafft langfristig keinen materiellen Mehrwert. Vor allem erzeugt er Abhängigkeiten und politische Einflussnahme von nichtdemokratischer Seite.

Es ist eine zynische und letztlich dysfunktionale Strategie, sich auf strikte Umwelt-, Sozial- und Governance-Prinzipien als neue Kriterien für eine moderne und verantwortungsvolle Geschäftstätigkeit festzulegen und gleichzeitig immer mehr Geschäfte in Länder auszulagern, die diese Kriterien grundlegend verletzen, um Kosten zu senken und das Wachstum anzukurbeln.

Entwicklungsländer wachsen derzeit schneller als Industrienationen. Und ein Großteil der nicht entwickelten Länder ist (noch) nicht oder nicht vollständig demokratisch. Im Corona-Pandemie-Jahr 2020 meldeten fast alle der 50 größten Volkswirtschaften negatives Wachstum. Nur sieben Länder bildeten mit positiven Wachstumsraten die Ausnahme: Irland, Ägypten, Bangladesch, Vietnam, China, Iran und die Türkei, von denen nur zwei, Irland und Bangladesch, als „frei" beziehungsweise „teilweise frei" eingestuft werden. Unter den zehn größten Volkswirtschaften war China der einzige Gewinner. 2021 hatte sich die makroökonomische Lage entspannt und die meisten Staaten meldeten wieder Wachstum. Wenn man jedoch die Wachstumsraten zusammennimmt, erkennt man wieder: Nicht demokratische Staaten wachsen – gemessen an Demokratien – überproportional. Zunächst wird die Selbstverpflichtung zur Konsequenz der neuen demokratischen Handelsallianz massive Einbrüche und Unsicherheiten im Außenhandel der Mitgliedstaaten hervorrufen. Die Schockwellen werden gewaltig sein. Die kurzfristigen Einbußen erheblich. Aber keineswegs untragbar. Der Preis für diesen Prozess wäre viel niedriger als die Kosten einer Handelspolitik, die weiter von kurzsichtigem Opportunismus geleitet wird.

Das deutsche Leibniz-Institut für Wirtschaftsforschung an der Universität München (ifo Institut) hat unter dem Eindruck des russischen Krieges in der Ukraine und seiner wirtschaftlichen Verwerfungen – die Deutschland treffen wie kein anderes Land – eine Studie über „Geopolitische Herausforderungen und ihre Folgen für das deutsche Wirtschaftsmodell" angefertigt. Dabei werden verschiedene Szenarien des Decouplings demokratischer Blöcke analysiert und quantifiziert. Unterstellt wird ein geordnetes Vorgehen, also auch, dass alle Akteure sich rational verhalten (was keineswegs selbstverständlich oder wahrscheinlich ist) und dabei mittel- bis langfristige Effekte (nach zehn bis zwölf Jahren) kalkuliert. Wachstumseffekte und kurzfristige Abweichungen bleiben dabei unberücksichtigt. Die Zahlen zu den negativen Auswirkungen sind überraschend niedrig. Das anschaulichere Element der Studie ist jedoch der Vergleich verschiedener Szenarien.

Würde sich die EU unilateral von China abkoppeln (berechnet als einseitige Zölle auf chinesische Importe), würde – laut ifo-Studie – das Europäische BIP um knapp einen Prozentpunkt zurückgehen. Bei einer bilateralen Entkoppelung, also einer Art von wechselseitigem Boykott – dem weitaus realistischeren Szenario – würde der Einbruch des europäischen BIP 1,34 Prozent betragen. China verliert im einseitigen Szenario 0,42 Prozent seines BIP und 0,76 Prozent im Falle eines Handelskriegs. Das BIP der restlichen Welt ist kaum davon betroffen und wächst sogar minimal.

Wenn sich die EU und die USA in einer konzertierten Aktion von China entkoppeln, hätte das für China die härtesten Konsequenzen. Die Studie des ifo Instituts rechnet mit einem BIP-Rückgang von 1,49 Prozent im unilateralen Szenario und 2,27 Prozent im bilateralen Fall. Für Europa ist die Entkopplung von China durch die westliche Allianz nur marginal teurer als im Alleingang. Die USA verbuchen 0,40 Prozent BIP-Rückgang im unilateralen Szenario und 0,48 Prozent im Falle eines Handelskrieges.

Die Studie zeigt, dass die geschätzten langfristigen Auswirkungen einer solchen kollektiven Unabhängigkeit geringer sind, als man annehmen könnte: China hat viel mehr zu verlieren. Dies legt die Vermutung nahe, dass das potenzielle Druckmittel tatsächlich eine Verhaltensänderung Chinas bewirken könnte – also *„Wandel durch keinen Handel"* als genaue Antithese der ursprünglichen Maxime.

Eine radikalere Variante wird in einer weiteren Studie simuliert. Die Wirtschaftswissenschaftler Felbermayr, Mahlkow und Sandkamp des Kieler Instituts für Weltwirtschaft (IfW) untersuchen die Auswirkungen eines West-Ost-Decouplings in ihrem im März 2022 erschienenen Paper „Cutting through the Value Chain: The Long-Run Effects of Decoupling the East from the West". Eines der Szenarien kommt dem Vorschlag einer Freiheitshandelsallianz näher: die Entkoppelung der USA und der EU von den BRIC-Staaten, also Brasilien, Russland, Indien und China. Russland und China sind klar autoritär. Brasilien und Indien werden laut *Freedom House* als frei beziehungsweise teilweise frei eingestuft. Dennoch weisen beide Länder einen abnehmenden Demokratietrend auf. Alle vier befinden sich unter den Top 12 der BIP-Beitragszahler. In diesem Fall betrüge der Rückgang des Wohlstands (gemessen am Realeinkommen) bei den Mitgliedern der Allianz 1,1 Prozent im unilateralen Fall und 1,32 Prozent bei beidseitiger Abschottung. Unter den BRIC-Ländern fällt der Wohlstand insgesamt um zwischen 2,75 Prozent (unilateral) und 3,86 Prozent (bilateral). Allerdings sind die Auswirkungen auf die einzelnen Länder unterschiedlich. Russland wäre von einem Handelskrieg mit der demokratischen Welt mit 9,62 Prozent Wohlstandeinbruch am stärksten betroffen. Brasilien, Indien und China würden etwas besser abschneiden.

Auch diese Studie zeigt deutlich: Je größer die Allianz der Demokratien, desto stärker sind die negativen Effekte auf die anderen Staaten. Auch deshalb erscheint es sinnvoll – anders als in dieser Analyse der Wirtschaftswissenschaftler vorgeschlagen –, Brasilien und Indien so schnell wie möglich für die Freiheitshandelsallianz zu gewinnen. Je größer die kritische Masse, desto geringer die Schäden innerhalb demokratischer Volkswirtschaften und desto größer die Sogwirkung.

Die Annahmen der Studien – insbesondere der des ifo Instituts – basieren auf einem geordneten, rationalen Vorgehen und einem längeren Zeithorizont von zehn bis zwölf Jahren. Das muss nicht so kommen. Und die kurzfristigen Effekte, auch die disruptive Wirkung, die eine wertebasierte Handelspolitik bedeutet, sind in solchen Analysen naturgemäß nicht erfassbar. Aber selbst wenn die kurzfristigen Auswirkungen für demokratische Vollswirtschaften negativer wären, wäre es doch sinnvoller, proaktiv vorzugehen und eine neue Welthandelsordnung koordiniert zu gestalten anstatt zu warten und auf

Wunder zu hoffen. Der Preis von Handelskriegen und konventionellen Kriegen ist definitiv höher.

Von den Gegnern einer neuen, weniger kurzsichtigen und weniger opportunistischen Handelspolitik werden die negativen Auswirkungen tendenziell massiv übertrieben. Zu unterschätzen aber sind sie nicht. Alleine das Beispiel Autoindustrie: In Deutschland ist diese Branche vom chinesischen Absatzmarkt mit circa einem Drittel ihrer Umsätze und teilweise mehr als der Hälfte ihrer Profite abhängig. Ein kurzfristiger und abrupter Verzicht auf chinesische und obendrein russische und die meisten arabischen Märkte würde die deutsche Autoindustrie vor existenzielle Probleme stellen. Hunderttausende Jobs wären gefährdet. Das Rückgrat der deutschen Wirtschaft wäre gebrochen.

Ähnlich fundamentale Engpässe würden sich in der medizinischen Versorgung ergeben. 80 Prozent der in den USA verschriebenen Antibiotika basieren auf Komponenten aus China. Ein sofortiger Totalverzicht wäre weder gesundheitspolitisch noch psychologisch zu verkraften.

Ebenfalls unvorstellbar erscheint ein gleichzeitiger Verzicht auf Gas und Öl aus Russland, Saudi-Arabien und Katar. Ein energiepolitischer Kollaps Europas wäre die Folge. Vor allem, wenn der ideologisch verbohrte und weltfremde Verzicht auf amerikanisches Fracking-Gas und Atomenergie in einigen Mitgliedsländern aufrechterhalten wird. Oder der Ausbau der erneuerbaren Energien weiterhin mit abwegigen Argumenten gebremst wird.

Auch für internationale Investments wäre ein abruptes Vorgehen fatal. Keine Frage: Die sofortige Umsetzung des Ideals erscheint nicht realistisch. Um dennoch das Ziel zu erreichen, sind Zwischenschritte und Begleitmaßnahmen nötig. In ebendiesen Maßnahmen liegt ein entscheidender Vorteil des geordneten Vorgehens durch eine neu konzipierte Handelsallianz – im Kontrast zum ungeordneten Reagieren auf künftige Handelskriege oder Kriege. Im passiven Szenario reagiert man panisch aus der Defensive. Im proaktiven Szenario agieren Demokratien strukturiert und wohlüberlegt aus der Offensive.

Denkbar ist ein Zwei-Stufen-Modell oder sogar ein Modell mit mehreren differenzierteren Schritten. Im ersten Schritt könnten sich Strafzölle für nichtdemokratische Länder auf Produkte und Dienstleistungen der kritischen Infrastruktur beschränken: Halbleiter, Komponenten für Solar- und Windkraftanlagen, Robotik, Biotechnologie, künstliche Intelligenz, Kommunikation und Tech-Plattformen. Harmlose Gebrauchsgüter des Alltags, Bekleidung, Spielsachen, Unterhaltungselektronik oder Möbel, Dinge also, die für die Mehrheit der Bürger eine große Bedeutung haben, die strategisch jedoch allenfalls indirekt von Bedeutung sind, könnten in einer Übergangsfrist von einigen Jahren von den neuen Regeln ausgenommen sein. Ob ein T-Shirt zum billigsten Preis in China produziert wurde oder nicht wird, entscheidet mittelfristig nicht über globale Systemdominanz.

Ob Europa sich allerdings beim 5G-Netzausbau in die Hände Huaweis und damit gar nicht so indirekt unter die Kontrolle der Kommunistischen Partei Chinas begibt, ist von zentraler strategischer und politischer Bedeutung. Bei genauer Betrachtung sind diese Fragen systemrelevant. Zumal individuelle Entscheidungen der Verbraucher und selbst der Business-Partner durch Algorithmen gesteuert werden und somit nicht wirklich frei sind. Da, wo praktische Alternativen mangels Masse und Relevanz fehlen, braucht es die Hilfe von klaren regulatorischen Rahmenbedingungen. Die USA und England ebnen den Weg mit ihren Verboten und Beschränkungen für den Verkauf und die Nutzung von Huawei-Produkten aufgrund von Sicherheitsbedenken.

Eine Notwendigkeit, um die wirtschaftlichen Negativeffekte der Umstellung auf einen wertebasierten Handel für einzelne Industrien abzumildern, sind für eine Übergangsperiode Staatshilfen zur Abfederung besonders negativ betroffener Industrien. Von der Energiewirtschaft über die Auto- und Zuliefererindustrie bis zur Medikamentenproduktion wird es ohne staatliche Stützung nicht gehen. Eine völlig unkontrollierte Disruption würde die Ökonomien einiger demokratischer Staaten zu sehr treffen und gefährliche gesellschaftliche

Zentrifugalkräfte wie Polarisierung und politischen Extremismus befördern. Deshalb müssen staatliche Sonderfonds für besonders betroffene Unternehmen und Branchen ein geordnetes und erfolgreiches Management der Transformation ermöglichen. Dieses Staats-, also Steuergeld ist allerdings gut investiert. Diese Art der Industriepolitik klebt keine Pflaster auf Wunden, sondern schafft neue, „souveräne" Strukturen. Die Alternativen würden teurer. Staatshilfen sind für Ordnungspolitiker der reinen Lehre zu Recht ein Reizwort. Tatsache ist aber auch, dass ein vollständiger Verzicht darauf eine Illusion ist. Und gerade die jüngere Vergangenheit hat gelehrt, dass ein „Weiter so" des abhängigkeitsstiftenden Handels mit Diktaturen das Ausmaß staatlicher Interventionen eher erhöht. Beispiel russischer Krieg: Die deutsche Regierung hat staatliche Hilfspakete in Höhe von fast 300 Milliarden Euro für deutsche Bürger und Unternehmen gebilligt, um wirtschaftliche Schäden abzufedern. Auch während Corona war kein Preis zu hoch. Deutschland hat 130 Milliarden Euro für das Konjunkturpaket in die Hand genommen. Frankreich über 100 Milliarden Euro. Und die EU legte zusätzlich einen Wiederaufbaufonds in Höhe von 750 Milliarden Euro auf. Wenn uns der Schutz vor einem unbekannten Virus das wert war, sollten wir für den Schutz vor einem Angriff auf unsere freiheitliche Lebensform auch Geld in die Hand nehmen.

Das klingt nach viel, ist aber wenig im Vergleich zu dem, was die USA aufgebracht haben. Allein das Hilfspaket, das Joe Biden zu Beginn seiner Amtszeit durchgesetzt hat, umfasste 1,9 Billionen Dollar. Im Dezember 2020 wurde zudem ein 900 Milliarden Dollar schweres Hilfsprogramm genehmigt, zu Beginn der Pandemie wurden 2,2 Billionen Dollar freigegeben. Insgesamt also fünf Billionen Dollar. Selbst der eingefleischteste Apologet einer apolitischen Idee von Business als Selbstzweck wird eines Tages merken: Werte und Prinzipien mögen, falls wir einfach so weitermachen, zuerst geopfert werden, am Ende entfallen auch die Grundlagen für gute Geschäfte. Das bittere Erwachen und der wirtschaftliche Totalschaden Europas im Umgang mit russischer Energie ist nur der Vorbote.

Jede Veränderung bedeutet Risiken. Und es ist offenkundig, dass ein fundamentaler Konzeptwechsel unserer Handelspolitik mit Einbußen und Rückschlägen verbunden ist. Deshalb ist es so wichtig, die Chancen im Blick zu behalten, die der Wandel mit sich bringen wird. Die politisch-gesellschaftlichen Vorteile sind offenkundig und mit einem Wort am besten beschrieben: Souveränität. Die Souveränität demokratischer Systeme. Souveränität bedeutet Freiheit. Die Souveränität demokratischer offener Gesellschaften ist ein hohes Gut, vielleicht das höchste Gut überhaupt. Es ist fast jeden Preis wert. Aber wie hoch ist dieser Preis. Ein Prozent unseres BIP? Fünf Prozent? Zehn Prozent? Gibt es einen Preis, den wir nicht mehr zu bezahlen bereit wären? Wo ist die Grenze? Die Grenze verläuft vermutlich da, wo die gesellschaftlichen Risiken so hoch sind, dass sie die Grundlage dessen, wofür ebendiese Risiken eingegangen werden, selbst gefährden. Freiheit und Demokratie. Davon aber sind wir weit entfernt.

Selbst skeptischste Szenarien zeigen: Die Auswirkungen einer neuen Freihandelspolitik sind verkraftbar. Vor allem dann, wenn sie nicht reaktiv erduldet – wie beim russischen Angriff auf die Ukraine –, sondern proaktiv gestaltet werden. Unsere Risikobereitschaft wird maßgeblich von unserem Risikobewusstsein abhängen. Wenn der „Sense of Urgency" gering ist, lässt man lieber alles so, wie es ist. Wenn er hoch ist, steigt die Bereitschaft zu Veränderung und den damit verbundenen Risiken. Man muss abwägen. Das Ergebnis ist ein Kompromiss. Am Ende entscheidet man sich für das kleinere Übel.

Aber mindestens ebenso wichtig wie eine realistische Einschätzung der Gefahren bei einer Fortsetzung unserer handelspolitischen Unterwerfungsstrategie und der Risiken einer entschlossenen Veränderung ist die realistische, aber optimistische Evaluierung ihrer Chancen.

In der ersten Phase eines wirklich demokratischen Freihandels wird die Produktion unzähliger Güter und Dienstleistungen, die heute in billigere, nicht demokratische Länder verlagert ist, zurück in demokratische Märkte wandern. Das stärkt die Volkswirtschaften der

Freiheitshandelsallianz-Mitglieder. Vor allem auf dem Arbeitsmarkt wird das massive Auswirkungen haben. Die Produkte werden teurer. Aber es ist auch auf einem höheren Lohnniveau mehr zu verteilen. Vor allem untere Einkommensklassen werden davon profitieren. Ein wesentlicher Effekt wird durch die massive Verlagerung von Arbeitsplätzen erreicht.

Selbst wenn nur ein Teil der Arbeitsplätze zurück nach Amerika und Europa und in andere demokratische Länder verlagert wird, gleicht dies einem Konjunkturprogramm ohne Beispiel. In Zeiten des Arbeitskräftemangels in hochentwickelten Ländern wird das nicht ohne massive Migration möglich sein. Wir stehen in Amerika und Europa vor Jahrzehnten des Fachkräftemangels. Arbeitslosigkeit wird von „Arbeiterlosigkeit" abgelöst. Ohne Einwanderung ist dieses Problem selbst im Status quo nicht zu lösen. Eine wertebasierte Handelspolitik kann in diesem Zusammenhang ein sehr gesunder Katalysator mit positiven Wirkungen auf allen Seiten sein. Um erfolgreiche Integration und Wirtschaftswachstum zu fördern, müssen die Länder ihre Einwanderungsverfahren auf der Grundlage klarer Kriterien, Qualifikationsanforderungen und Bildungsangebote drastisch verbessern.

Den Mitgliedern der Freiheitshandelsallianz soll es nicht nur gestattet sein, ohne Zölle zu handeln. Auch Reisen, Tourismus und Arbeit in anderen Ländern der Allianz sollen zwischen Mitgliedern erleichtert werden. Alles in allem werden die Freiheitshandelsallianz und ihre Vorteile für die Mitgliedstaaten sowohl das globale Wirtschaftswachstum als auch die Etablierung nachhaltiger sozialer und ökologischer Standards beschleunigen. Im Wettbewerb der Systeme entstehen signifikante Strukturvorteile der demokratischen Länder. Zumal die Auswirkungen auf die Nichtmitglieder der Freiheitshandelsallianz massiv sind. Der amerikanische Anteil an Chinas Außenhandel lag 2022 bei 13,6 Prozent, der europäische Anteil bei etwas über 20 Prozent. Bricht nur ein Markt weg, ist das für China noch zu verkraften. Ein zeitgleiches Wegfallen von mindestens den USA und der EU – womit über ein Drittel des Außenhandels betroffen wäre – ist für China kaum zu kompensieren.

Klar ist: Nicht demokratische Volkswirtschaften werden durch eine wertebasierte und wehrhafte Handelspolitik zunächst schwere Einbußen bei BIP und Wachstum erleiden. Sie verlieren – potenziell in zwei Stufen – einige ihrer größten und wichtigsten Handelspartner. Und damit Arbeitsplätze und Wertschöpfung. Im Falle einer beidseitigen Entkopplung von China durch Europa und die USA würde China – wie oben bereits erwähnt – langfristig 2,27 Prozent seines BIP verlieren. Gemessen am heutigen Ertrag (17,96 Billionen Dollar im Jahr 2022) sind das knapp über 400 Milliarden US-Dollar. Der Anreiz, sich auf die Freiheitshandelsallianz zuzubewegen, ist signifikant.

Nicht demokratische Staaten werden so vor die grundlegende Entscheidung gestellt, ob fehlgeleiteter Stolz und veraltete autoritäre Überzeugungen Vorrang vor wirtschaftlichem Wohlstand und nationalem Wohlergehen haben sollen. Konkreter heißt das: Fortschreitende wirtschaftliche Isolation und das Wegbrechen großer Absatzmärkte erhöhen den Druck auf politische Erneuerung. Wenn Wachstum stagniert oder rückläufig ist, wenn Wohlstand schwindet und immer weniger Bürger den sozialen Aufstieg der letzten Jahrzehnte, etwa in China oder Saudi-Arabien oder Russland, fortsetzen können, dann stehen die Regime dieser Länder vor einer sehr konkreten Alternative: entweder mehr Freiheit oder weniger Wohlstand. Entweder Modernisierung und Beitritt zur Freiheitshandelsallianz oder Unterdrückung des eigenen Volkes. Natürlich wird der Handel zwischen nicht demokratischen Staaten stark zunehmen. Aber letztlich kann das den Wegfall der großen westlichen Märkte nicht kompensieren.

Der Preis der Unterdrückung ist konkret und für jeden Bürger spürbar: weniger Wachstum und Wohlstand. Weniger Wachstum und Wohlstand bedeuten mehr Unzufriedenheit in der eigenen Bevölkerung. Mehr Unzufriedenheit bedeutet – trotz repressiver Regierungsmethoden – mehr Instabilität bis hin zu Aufständen und Umsturz. Und genau das ist einer der wichtigsten Mechanismen am Scheideweg zwischen Demokratie und Diktatur.

Jedes Land kann frei entscheiden. Dabei sein oder nicht dabei sein. Der Anreiz des Dabeiseins ist umso größer, je größer die kritische

Masse der Mitglieder ist. Amerika alleine ist zu wenig. Amerika und Europa — ein Anfang. Mit jedem Land, das dazukommt, steigt die Erfolgswahrscheinlichkeit überproportional. Gerade unentschlossene, schwächere und opportunistische Länder werden schnell erkennen, dass es sich lohnt, mehr Freiheit und Demokratie zu wagen, um Wohlstand, Wachstum und Sicherheit zu gewinnen. Viele Länder Afrikas werden eher früh als spät den Weg der Vernunft und des eigenen Vorteils gehen. Die Vereinigten Arabischen Emirate könnten als Brücke für den Freihandel in die muslimische Welt fungieren. Sie haben bereits gezeigt, dass es sich lohnt, Freiheit zu stärken anstatt auf Wohlstand zu verzichten. Nur sehr kleine erstarrte diktatorische Regime wie Nordkorea werden sich solchen Veränderungen vermutlich dauerhaft oder zumindest sehr lange verweigern.

Indien — der bevölkerungsreichste Staat der Welt — wird eine entscheidende Rolle bei den globalen geopolitischen Kräfteverschiebungen der Zukunft spielen. Das Land kann entweder weiterhin einen Weg der größtmöglichen Neutralität verfolgen oder sich für eine Seite entscheiden. Jahrelang hat Indien versucht, auf Augenhöhe mit den größten Volkswirtschaften zu agieren, die seine Bedeutung angesichts seiner kolonialen Vergangenheit möglicherweise unterschätzt haben. Lange Zeit war Russland einer der vertrauenswürdigsten Waffenlieferanten Indiens. Angesichts des Krieges und der Sanktionen zwingt die verminderte Lieferfähigkeit Russlands Indien dazu, neue Allianzen zu schmieden. Indien für die demokratische Freiheitshandelsallianz zu gewinnen, wird einer der strategisch erfolgsentscheidensten Schritte sein.

Nicht ausgeschlossen ist, dass eines Tages sogar Russland zu dieser Allianz gehören kann. Es wird eine Zeit nach Wladimir Putin geben. Jede neue Regierung in Moskau wird dann eine zentrale strategische Entscheidung treffen müssen: entweder ein Alliierter der demokratischen Welt zu werden oder ein Abhängiger des nicht demokratischen Chinas. Das sind genau die *zwei* Optionen, die Wladimir Putins Nachfolger haben. Und eben hierin liegt eine historische Chance für eine neue und bessere Weltordnung. Die demokratische Welt darf eines Tages, dann, wenn es so weit ist, die Schwäche eines Post-Putin-Russlands nicht ausnutzen. Sie sollte einem neuen, anders regierten Russland vorausschauend begegnen. Und könnte jetzt mit den Vorbereitungen beginnen, die den schnellstmöglichen wirtschaftlichen Wiederaufbau Russlands ermöglichen, um so den Herausforderungen und Bedrohungen durch China und islamistische Staaten kraftvoll zu begegnen. Aus heutiger Sicht wirkt dieser Gedanke abwegig. In einer längeren, in Jahrzehnten gedachten Perspektive ist er möglich.

Egal, wie hoch oder niedrig die Eintrittswahrscheinlichkeit ist – wir sollten alles versuchen, sie zu erhöhen. Denn die Alternativen sind schlechter. Ein dauerhaft gedemütigtes Russland bleibt aggressiv und wird noch aggressiver. Ein dauerhaft von China abhängiges Russland wird ein mächtiger Gegner zu unserem volkswirtschaftlichen und politischen Nachteil. Die Chancen, dass Russland nach diesem Krieg auf einen besseren, liberaleren Weg einschwenkt, sind, historisch betrachtet, gar nicht schlecht. Zwei große militärische Niederlagen leiteten in der Geschichte Russlands Modernisierungen ein. Der verlorene Krim-Krieg im Jahr 1856 führte zu großen Reformen und einem Niedergang der Leibeigenschaft. Die Niederlage im Russisch-Japanischen Krieg im Jahr 1905 leitete den Niedergang des Zarismus ein. An seinem Ende stand die Februarrevolution, der allerdings die Oktoberrevolution der Bolschewiki folgte. Es könnte ein Muster sein: Militärische Niederlagen machen Russland offen für Veränderungen. Die demokratische Welt entscheidet jetzt durch ihr Verhalten mit, in welche Richtung diese Veränderung führt.

Generell gilt: Es wäre eine gewagte und gefährliche Entscheidung, dem eigenen Volk mehr Wohlstand und mehr Freiheit zu verweigern, nur um die eigene autokratische Macht zu stabilisieren. Am Ende ist die Wahrscheinlichkeit hoch, beides zu verlieren. In Ländern, die nie wachsenden Wohlstand erlebt haben, mag man diesen Weg dennoch fortsetzen. In den Nationen, die über die letzten Jahrzehnte immer mehr Menschen aus sozial extrem schwachen Schichten in eine wachsende Mittelschicht entlassen haben, deren Bürger die Produkte und Dienstleistungen der Freiheit gekostet haben, wird dies schwer möglich sein. Selbst in China, Saudi-Arabien und Russland sind zu viele mit den Verlockungen von Luxus und individuellen Freiheiten in Kontakt gekommen. Wir sollten die Attraktivität unseres Lifestyles nicht unterschätzen. Wenn der „pursuit of happiness" nur mit etwas mehr Selbstbewusstsein und wirtschaftlicher Vernunft ertüchtigt wird, ist den Autokratien die Unterdrückung und Zwangsverarmung des eigenen Volkes zumindest massiv erschwert.

Die Freiheitshandelsallianz ist also beides: Anreiz und Druckmittel für Modernisierung und Liberalisierung zugleich. Und es ist keinesfalls ausgeschlossen, dass das demokratische Bündnis schnell mehr Mitglieder hat als gedacht.

Geordnete Reduzierung von Abhängigkeit jetzt ist intelligenter als das Warten auf einen Krieg mit China. Eine neue multinationale Handelsallianz jetzt ist intelligenter als ein radikales und chaotisches Decoupling. Die gemeinsame Aktion ist intelligenter als der reaktive Alleingang. Das Projekt Freiheitshandelsallianz ist machbarer, als es auf den ersten Blick erscheint. Es ist die beste Alternative zur Sicherung von Demokratie.

Der Widerstand zahlreicher Wirtschaftsvertreter und Investoren wird groß sein. Clive Hamilton und Mareike Ohlberg beschreiben in ihrem Buch „Die lautlose Eroberung" die Pendeldiplomatie der Wall-Street-Banker, namentlich von Goldman Sachs, Morgan Stanley und der Blackstone Group, um im ersten Schritt „die Aufnahme Chinas in die Welthandelsorganisation zu unterstützen" und im zweiten Schritt bis heute die amerikanische Regierung auf Kurs einer chinafreundlichen Politik zu halten. Insbesondere Larry Fink, dem langjährigen CEO von BlackRock, dem größten Investmentfonds der Welt, wird hier eine Schlüsselrolle im erfolgreichen Lobbyismus zugeschrieben. Die Gewinne der letzten zwei Jahrzehnte bestätigen diesen Kurs. Die existenziellen Gefahren am Horizont markieren das Ende dieses opportunistischen Weges.

Dennoch könnten insbesondere Investoren und Industrievertreter angesichts kurzfristiger negativer Effekte ein ordnungspolitisch sehr grundsätzliches Argument vortragen. Sie werden einwenden, dass es sich bei den Rahmenbedingungen der neuen Handelsallianz doch um massive Einschränkungen der wirtschaftlichen Freiheit handelt. Und keine Frage: Das ist so. Zumal das Konzept nur durchsetzbar ist, wenn es mit dem Mittel der sogenannten Sekundär-Sanktionen begleitet und ertüchtigt wird. Das heißt konkret: Sollte ein Unternehmen auf die Idee kommen, den Standort in ein Nichtmitgliedsland zu verlagern – also beispielsweise General Motors und VW mit Unternehmenssitz in Peking –, gelten die gleichen Regeln wie für Nichtmitglieder. Sie würden sich dann von den Märkten der Freiheitshandelsallianz abkoppeln. Das Gleiche müsste für Tochtergesellschaften und Joint Ventures gelten. Anders ist Umgehung nicht zu verhindern. Und halbherzige Umsetzung ist in diesem Fall schlimmer als gar keine Änderung. Das Konzept funktioniert nur ganz oder gar nicht. Geordnet und in Stufen – aber konsequent und wirksam sanktioniert.

Ja, die Operation ist ein massiver Eingriff in bestehende unternehmerische Freiheiten. Aber erstens geschieht dies zum Wohle langfristiger wirtschaftlicher Unabhängigkeit und Erfolgsfähigkeit. Es geht um die Sicherung von Freiheit und Kapitalismus. Zweitens: Die ganze Wirtschaftsgeschichte ist voller Einschränkungen und neuer, zuvor unvorstellbarer Regeln. Sind es zu viele und vor allem falsche Regeln, entsteht Planwirtschaft und Misswirtschaft. Sind es vernünftige Regeln, gedeiht Erfolg und zivilisatorischer Fortschritt.

Ein paar Beispiele: Natürlich ist es eine Einschränkung der wirtschaftlichen Freiheiten, dass es Gewerkschaften und Arbeitnehmer-Vertretungen gibt. Aber diese Einschränkung wurde irgendwann hingenommen beziehungsweise von einer Mehrheit für sinnvoll erachtet, weil es humaner war – unserem demokratischen Menschenbild entsprechender – als die hemmungslose Ausbeutung einer in Armut wehrlosen Arbeiterklasse. Es wurde als gerechter, aber auch als stabiler angesehen. Unruhen und Aufstände – wie etwa die symbolisch für die Unzufriedenheit schlecht behandelter Arbeiter stehenden Weberaufstände im 14. und 19. Jahrhundert – wurden auf diese Weise verhindert. Die so entstandene Balance war für beide Seiten, also unternehmerisch und gesellschaftlich gesünder, berechenbarer als die frühindustriellen Exzesse kapitalistischer Effizienz.

Eine Einschränkung ist auch, dass es so etwas wie Altersgrenzen, Rentenalter und Rentenversicherungen gibt. Warum sollte der Unternehmer in einer vollständig freien Marktwirtschaft Arbeitnehmer nicht bis zum Umfallen in ganz hohem Alter beschäftigen? Warum muss nicht einfach jeder so lange arbeiten, bis er oder sie krank oder tot ist? Weil die demokratische Gesellschaft das als unwürdig und unmenschlich erkannt hat. Rentenalter, Rentenversicherung, Rentenfonds werden in Amerika und Europa höchst unterschiedlich gehandhabt. Aber bestimmte Verpflichtungen und Regeln existieren in beiden Kontinenten – als Errungenschaft einer modernen, den ethischen Rahmenbedingungen einer Demokratie entsprechenden Marktwirtschaft.

Eine Einschränkung ist auch das Verbot von Kinderarbeit. Wie effizient war es für Arbeitgeber, Kinder – sobald sie dazu fähig sind – in harter körperlicher Arbeit insbesondere für niedere, anspruchslosere Arbeitsformen einzusetzen. Wie billig war es, Kinder aus sozial schwächeren Familien zu niedrigsten Löhnen unter höchst gesundheitsschädlichen Bedingungen in Minen und Bergwerken auszubeuten. Und doch wurde Kinderarbeit glücklicherweise irgendwann in demokratischen Ländern als falsch erkannt und beendet. Kinderarbeit gibt es seit Jahrtausenden. Seit dem 17. Jahrhundert stieg sie sprunghaft an. Exzessiv wurde sie während der industriellen Revolution eingesetzt.

Großbritannien und Preußen begannen ab den 1830er-Jahren, Kinderarbeit massiv einzuschränken oder zu verbieten. Kinderarbeit ist in den USA seit dem 25. Juni 1938 verboten. Sie ist in Artikel 32 der Charta der Grundrechte der Europäischen Union vermerkt und in vielen Mitgliedsländern schon seit mehr als einem Jahrhundert untersagt. Westliche Demokratien haben entschieden, dass diese Form der Ausbeutung nicht ihrem Wertekompass entspricht. Wie kann man dann aber zulassen, Produkte zu niedrigeren Kosten zu beziehen, die durch Kinderarbeit entstanden sind – nur weil das außerhalb der eigenen Landesgrenzen geschehen ist? Heute arbeitet fast jedes zehnte Kind weltweit. Nach Angaben von UNICEF und der Internationalen Arbeitsorganisation sind das weltweit 160 Millionen. Am weitesten verbreitet ist Kinderarbeit in Afrika südlich der Sahara, wo etwa 86,6 Millionen Kinder arbeiten, und im asiatisch-pazifischen Raum, wo es 48,7 Millionen Kinderarbeiter gibt.

Weitere Einschränkungen wirtschaftlicher Freiheit von Unternehmern bedeutet in der jüngeren Vergangenheit auch die Idee von Sustainability, Gender Equality und Diversity. Warum soll ein Arbeitgeber nicht einfach nur das Geschlecht beschäftigen, das sie oder er bevorzugt? Warum muss ein Arbeitgeber Toleranz und Gleichberechtigung gegenüber sexuellen Minderheiten walten lassen? Warum Rücksicht auf die Umwelt nehmen? Das sind sämtlich Begrenzungen, die den rein kapitalistischen Freiheitsgedanken einschränken. Dennoch hat die demokratische Gesellschaft das auf der Basis von Recht und Menschenrecht und Menschenwürde im Laufe der Jahrzehnte als sinnvoll und wünschenswert anerkannt und umgesetzt.

Vor einem Jahrhundert waren diese Ideen auch in Amerika und Europa kaum verbreitet. Heute sehen wir diese Regeln und Standards – zu Recht – als einen zivilisatorischen Fortschritt an. Und erkennen, dass in einer von Toleranz und Vielfalt geprägten Arbeitswelt obendrein viel bessere Ergebnisse erzielt werden, dass also regelbasierter Kapitalismus langfristig erfolgreicher ist als regelloser. Wie ist es da vertretbar, mit Ländern Handel zu treiben und Produkte aus Ländern zu beziehen oder in Ländern Produkte herstellen zu lassen, in denen Frauen nicht Auto fahren dürfen und kein Wahlrecht haben, oder Geschäfte zu machen mit Systemen, die Menschen gesetzlich verfolgen und zum Tod verurteilen, nur weil sie homosexuell sind?

Offenkundiger, unethischer können Doppelstandards nicht sein. Das, was man selbst nicht mehr vertreten will, wird in Länder des vordemokratischen Raums outgesourct. Nach dem Motto: Wo einmal Unrecht herrscht, kommt es auf etwas mehr Unrecht auch nicht an. Der CEO, der vormittags moralische Reden über ESG hält und nachmittags weitere Teile seiner Produktion nach China oder Weißrussland verlagert, ist unglaubwürdig. Und dass man mittlerweile wegen eines missglückten Witzes seinen Job verlieren kann, aber gleichzeitig mit Umsatzzuwächsen prahlen darf, die in Ländern entstehen, wo Frauen wegen Ehebruch gesteinigt werden, ist zumindest erklärungsbedürftig. Auch in dieser Hinsicht ist unsere Handelspolitik nicht nur kurzsichtig. Sie ist widersprüchlich und bigott. Und schlicht nicht zukunftsfähig.

Zum Schluss wendet sich die Argumentation der Verteidiger des Status quo gern ins Grundsätzliche: Ein oft vorgetragenes Gegenargument, um eine Veränderung unserer Wirtschaftsbeziehungen zu China und anderen Unrechtsstaaten zu verhindern, heißt Protektionismus. Eine Abkoppelung von China oder anderen Ländern sei letztlich eine Maßnahme protektionistischer Abschottung zum Schutz unserer eigenen schwächeren Märkte. Protektionismus ist für jeden Freund der liberalen Marktwirtschaft und des freien Handels ein Unwort. Also auch ein Kampfbegriff, mit dem sich Unliebsames verhindern lässt. Aber erstens: War die amerikanische und europäische Wirtschaftspolitik je wirklich völlig frei von Protektionismus? Und zweitens: Geht es hier wirklich um Protektionismus – also um die Abschottung eigener Märkte? Eher im Gegenteil. Es geht um die Verhinderung von Deglobalisierung. Es geht um die Stärkung internationaler Wirtschaftsbeziehungen, es geht um echten Freihandel und um faire Rahmenbedingungen für alle. Ziel ist es, eine durch Regelverletzungen und missbräuchliches Verhalten entstandene Imbalance zu reduzieren und drohende oder teilweise bereits entstandene Abhängigkeit zu verhindern. Es geht also gerade nicht um Protektionismus, sondern allenfalls um den Schutz unserer Werte und Souveränität. Es ist ein existenzieller Schritt, um die schleichende Unterwanderung und Schwächung demokratischer Marktwirtschaften durch autokratische Formen des Staatskapitalismus zu verhindern. Echter, also fairer Freihandel ist nicht nur ethischer, sondern auch erfolgreicher. Es gibt viele Beispiele, in denen Geschäfte in nicht demokratischen Ländern (und die damit verbundenen Risiken) Unternehmen immens geschadet haben.

„Wer die Moral vernachlässigt, der schadet am Ende der Profitabilität", hat der ehemalige Siemens-Chef Heinrich von Pierer einmal geschrieben. An diese kluge Weisheit gehalten hat sein Unternehmen sich jedoch nicht. Siemens hat von 1997 bis 2006 ein weltweites Schmiergeldsystem installiert, um an Aufträge zu kommen. Unter anderem in Algerien, Ägypten, Nigeria, China oder Russland wurden geschätzt 1,3 Milliarden Euro an Bestechungsgeldern gezahlt. Über 4.300 Zahlungen und 330 betroffene Projekte wurden später entdeckt. Genutzt hat es Siemens nicht. Neben dem hohen Reputationsschaden musste das Unternehmen fast drei Milliarden Euro an Strafen, Nachsteuern und Honoraren für Anwälte und Wirtschaftsprüfer zahlen.

Kurzfristig mögen im Geschäftsverkehr mit Schurkenstaaten erzielte Umsatzsteigerungen und Extragewinne verlockend sein. Langfristig fordern sie meist einen hohen Preis und zerstören mehr Wert, als sie je geschaffen haben. „Moral Hazard" und Korruption beschädigen die Wertschöpfung. Das gilt für Unternehmen wie für Staaten. Moralische Doppelstandards und Abhängigkeiten lösen in Unternehmen Krisen und in Staaten gelegentlich Kriege aus. Die Voraussetzungen zu verbessern, damit genau das nicht geschieht, ist kein Protektionismus. Sondern die gesunde Vertretung eigener Interessen. Also Interessenpolitik im eigentlichen, tieferen Sinne. Denn auch Interessenpolitik – eine Politik, die das Praktische gegenüber anderen Überlegungen bevorzugt – muss neu gedacht werden.

Interessenpolitik ist ein Begriff, den niemand so sehr verkörpert wie Henry Kissinger. Wir kannten uns mehr als ein Vierteljahrhundert lang. Ich hielt und halte ihn für einen der überragenden und prägendsten politischen Köpfe der letzten hundert Jahre. Henry Kissinger etablierte in der Ära Richard Nixon systematisch diplomatische Beziehungen zu Russland und China – mit dem Ziel enger, schicksalhafter wirtschaftlicher Verflechtungen. Dies erschien damals wünschenswerter und rationaler als konfrontative Blockbildung zwischen Ost und West, Kommunismus und Kapitalismus. Und es war besonders angemessen angesichts der chinesischen Wirtschaftsreform und Liberalisierung, die unter Deng Xiaoping glaubwürdig und entschieden umgesetzt wurde. Es war der Humus, auf dem die Idee vom „Wandel durch Handel" entstand – über viele Jahre hinweg zum beiderseitigen Vorteil. Aber seit Wladimir Putin und Xi Jinping hat sich das geändert. Langfristig stellt sich heraus, dass wirtschaftliche Beziehungen, sofern sie nicht wirklich und verlässlich auf gleichen Regeln für alle basieren, einseitige Vorteile entstehen lassen. Und ungesunde Abhängigkeiten. So wurde der Aufstieg Chinas zur global dominierenden Wirtschaftsmacht ins Werk gesetzt. Und der Wiederaufstieg der zerbrochenen Sowjetunion durch Putins Gas-Geo-Politik ermöglicht.

Interessenpolitik verdient nur dann ihren Namen, wenn sie am Ende auch wirklich unsere politischen und wirtschaftlichen Interessen schützt. Also Wohlstand, Sicherheit, Frieden und Freiheit in möglichst vielen Ländern dieser Erde – zuerst und vor allem aber, so viel Egoismus sei erlaubt, in den Demokratien der freien Welt. Das ist wahre und moderne Interessenpolitik. Das ist die Interessenpolitik der Freiheitshandelsallianz.

Zu einer Allianz gehören mindestens zwei. Am besten aber so viele wie möglich. Kritische Masse bedeutet erfolgskritische Durchsetzungskraft. Amerika alleine bewirkt nicht viel. Es würde sich durch einen Alleingang im Decoupling isolieren und schwächen. Eine große Insel jenseits des Atlantiks. Europa alleine bewirkt noch weniger – und würde zum eurasischen Annex Chinas. In transatlantischer Allianz zwischen den USA und Europa aber entsteht eine Gründungs-Achse der Freiheitshandelsallianz, die schnell große Anziehungskraft auch für fast alle anderen freiheitlichen Demokratien entfaltet. Und für China (1,4 Milliarden Einwohner/BIP: 17,96 Billionen Dollar), Russland (144 Millionen Einwohner/BIP: 1,78 Billionen Dollar) und die arabische Welt (340 Millionen Einwohner/BIP: 2,85 Billionen Dollar) zum handelspolitischen Faktum wird. Wenn sich eines Tages auch ein großer Teil der afrikanischen Länder (insgesamt 1,2 Milliarden Einwohner/ BIP: 2,7 Billionen Dollar) und vor allem Indien (1,4 Milliarden Einwohner/BIP: 3,18 Billionen Dollar) entschließen, dieser Allianz der Stärke beizutreten, wird die Sogwirkung so groß sein, dass echte

Verhaltensänderung entsteht. Auch in autokratischen Supermächten wird dann irgendwann die Frage neu beantwortet werden, ob autoritärer Isolationismus oder pragmatische Kooperation zur nachhaltigen Wohlstandsmehrung und Stabilität geeigneter ist. Spätestens dann ist eine neue wertebasierte Handelspolitik der Magnet für Demokratisierung und Globalisierung.

Eine wesentliche Rolle wird in diesem Prozess die Klimapolitik spielen. Eine auch auf verbindlichen und für alle geltenden Klimazielen basierende Handelspolitik muss dafür sorgen, den größten nichtdemokratischen CO_2-Produzenten der Welt China – verantwortlich für etwa ein Drittel aller globalen Emissionen – in eine internationale Solidarität zu integrieren. Weil dies die langfristig attraktivere Option ist als ein wirtschaftlicher und klimapolitischer Sonderweg oder eine Kapitulation, wenn es zu spät ist.

Womit wir bei dem letzten und vielleicht verzweifeltsten Argument zur Verhinderung einer neuen Handelspolitik angekommen sind: Es sei zu spät. Der Punkt der möglichen Umkehr sei überschritten. Die Abhängigkeit von Ländern wie China sei längst zu groß.

Das ist richtig und falsch zugleich. In vielen Bereichen ist es zu spät für eine sofortige abrupte Umkehr. Die Beispiele der Abhängigkeiten sind genannt. Es braucht deshalb Zwischenschritte und staatliche Hilfen. Auf der anderen Seite wird bei genauer Beschäftigung mit den möglichen Auswirkungen deutlich, dass die Effekte auf das BIP zwar erheblich, aber nicht existenziell für demokratische Volkswirtschaften sind. Und die stimulierenden mittelfristigen Effekte die Risiken und Einbußen bei Weitem übertreffen.

Es ist also objektiv spät, vielleicht sehr spät. Aber nicht wirklich zu spät. Viel wichtiger ist aber: Selbst wenn es zu spät oder fast zu spät wäre – was ist die Alternative? Warten? Warten auf weitere Kriege? Als Nächstes auf einen Krieg um Taiwan? Auf einen Handelskrieg mit China um Mikrochips oder Antibiotika oder künstliche Intelligenz? Auf einen Konflikt mit Saudi-Arabien oder Katar um Öl? Warten ist schlimmer als sehr spätes Handeln. Denn Handeln gestaltet aktiv. Warten erträgt das, was geschieht. Der Preis der Passivität ist höher. Chaos ist teurer. „Wandel durch Handel" hat nicht funktioniert. Wir müssen „Wandel durch Handeln" gestalten. Wer Freiheit gegen kurzfristigen Profit tauscht, wird am Ende beides verlieren. In der Renaissance und insbesondere im 15. Jahrhundert war Venedig die globale wirtschaftliche Supermacht. In den Jahrhunderten davor hatte Venedig, wie alle Mächte dieser Zeit, seinen Handel auf Expansion und Eroberung aufgebaut. Doch als andere Großmächte – wie das Osmanische Reich – zu stark wurden, fand eine pragmatische Neuorientierung statt. Es war Venedig, das die früheste, äußerst erfolgreiche Form der Globalisierung schuf, die auf drei Grundprinzipien beruhte: wahrhaft freier Handel mit Partnern, ein verlässliches Regelwerk (vielleicht nicht gerade „Rechtsstaatlichkeit", aber das, was dem damals am nächsten kam) und nicht zuletzt die Aufnahme all der Zuwanderer, die einen Beitrag leisteten und sich an die Regeln hielten – mit anderen Worten: eine moderne, tolerante, auf Qualifikationen und Eigeninteressen basierende Einwanderungspolitik.

Nur eine Renaissance von wirklichem Freihandel kann die Demokratie retten. Es wäre im Übrigen eine Wiedergeburt dessen, was einstmals Liberalismus hieß – im überparteilichen Sinne des Wortes. Der Liberalismus im Geiste von Adam Smith ist weitgehend verschwunden. Die politische „Kunst des Möglichen" kann ihn wiederherstellen.

Das ist ein amerikanisch-europäisches Projekt. Es kann nur gemeinsam erreicht werden. Gewidmet dem Geist des „Liberty Song" von John Dickinson, einem der Gründerväter der Vereinigten Staaten von Amerika: „By uniting we stand, by dividing we fall."

DANKSAGUNG

Zu diesem Buch haben viele mit ihrem Rat und ihrer Fachkompetenz beigetragen. Einige sind im Text erwähnt, andere haben mit ihren Gedanken, ihrer Kritik und ihrer redaktionellen Arbeit geholfen. Ich bin sehr dankbar für all die Einsichten, die in diese Zeilen eingeflossen sind. Vielen Dank!